Weitere Titel dieser Reihe:
Warum zwinkert der Delfin im Schlaf?
Wo geht der Astronaut aufs Klo?
Warum ist Weihnachten nicht jeden Tag?
Warum ist die Banane krumm?
Warum leben Meerschweinchen nicht im Meer?
Warum brauchen Haie keinen Zahnarzt?
Das große Buch der Kinderfragen

Originalausgabe
1. Auflage
© 2022 Dressler Verlag GmbH,
Max-Brauer-Allee 34, 22765 Hamburg
© diese Ausgabe ellermann im Dressler Verlag GmbH · Hamburg, 2022
Text © 2022 by Johanna Prinz
Einband und farbige Illustrationen © by Caroline Opheys
Alle Rechte vorbehalten
Druck und Bindung: Livonia Print SIA,
Jūrkalnes iela 15/25, LV-1046 Riga, Lettland
Printed 2022
ISBN 978-3-7514-0049-7

www.ellermann.de

Johanna Prinz

WARUM
TRAGEN BIENEN
GELBE HOSEN?

Vorlesegeschichten mit Aha!-Effekt

Mit Bildern von Caroline Opheys

ellermann im Dressler Verlag GmbH · Hamburg

Inhaltsverzeichnis

Warum können Seehunde jagen, ohne zu sehen?

Der Wind pfeift und weht Ella beinahe die Mütze vom Kopf. Den Urlaub an der Nordsee hatte sie sich irgendwie anders vorgestellt. Wärmer. Und mit Sonne. Stattdessen regnet es ständig.

Lasse macht die steife Brise überhaupt nichts aus. Begeistert springt Ellas kleiner Bruder mit seinen Gummistiefeln in jede Pfütze. Auch Mama und Papa stören sich nicht am Wind. Sie haben einfach ihre Kapuzen hochgeschlagen. Ella ist anscheinend die Einzige, die alles doof findet.

»Wieso müssen wir denn unbedingt zum Hafen?«, ruft sie gegen den Wind.

Mama dreht sich um. »Weil gerade die Flut da ist. Jetzt können wir die Fischkutter schwimmen sehen.«

Ella hat keine Lust auf Fischkutter. Sie wäre viel lieber in der Ferienwohnung geblieben und hätte ferngesehen. Aber das haben Mama und Papa nicht erlaubt. Deshalb stapft Ella nun durch das graue Wetter auf den Hafen ihres Urlaubsortes zu.

»Guckt mal!« Papa zeigt nach vorne.

Durch den Regen hindurch sieht Ella die Masten einiger Schiffe schaukeln.

»Ich bin zuerst da!«, ruft Lasse und stürmt auf die Hafenkante zu.

Als Ella ihn einholt, erkennt sie, dass die Fischkutter am Ufer festgemacht sind. »Die haben ja komische Namen«, sagt sie und vergisst beinahc, wie doof sie es hier findet. Rot, grün und blau sind die Kutter, die auf den Wellen schaukeln. Flaggen wehen im Wind. Und jetzt hört sogar der Regen auf.

»Der da heißt *Christine*«, kichert Lasse. »Genau wie Oma!«

»Und dieser heißt *Harmonie*«, sagt Papa. Er zwinkert Ella zu. »Davon könnten wir jetzt auch ein bisschen was gebrauchen, oder?«

Ella bemüht sich um ein Lächeln. Vielleicht ist es im Hafen ja doch nicht so schlecht. Die Fischkutter sind wirklich schön, und außerdem mag Ella den Geruch des Meeres. Nur schade, dass man nicht bis zum Grund des Hafenbeckens gucken kann. Dazu ist das Wasser viel zu trüb. Es sieht richtig braun aus.

»Wollen wir mal außenrum gehen?«, fragt Mama.

Doch noch bevor Ella antworten kann, passiert auf einmal etwas richtig Tolles. Ein runder Kopf taucht aus dem Wasser auf. Große dunkle Kulleraugen schauen Ella neugierig an.

»Ein Seehund!«, haucht sie entzückt. »Ein echter, lebendiger Seehund!«

Auch Lasse bleibt vor Verblüffung der Mund offen stehen. »Was macht der denn hier im Hafen?«

»Vielleicht will er sich auch die Fischkutter ansehen«, schlägt Mama vor.

»Oder er besichtigt Urlauber«, fügt Papa hinzu.

»Sehr witzig«, sagt Ella. »Ich glaube, er … huch, wo ist er denn hin?!«

»Untergetaucht!«, ruft Lasse. »Einfach weg.«

Wie gebannt starren sie auf das Wasser. Jede Sekunde muss der Seehund wieder auftauchen, da ist sich Ella sicher. Doch eine ganze Weile passiert gar nichts.

»Ist er tot?«, fragt Lasse erschrocken, aber Papa fängt an zu lachen.

»Nein«, sagt er. »Im Gegenteil. Wahrscheinlich schwimmt er gerade besonders lebendig unter den Kuttern entlang. Wir sehen ihn nur nicht, weil das Wasser so trüb ist.«

Und tatsächlich: Kaum hat Papa zu Ende gesprochen, da taucht der Seehund auch schon wieder auf.

»Er hat einen Fisch!«, ruft Ella.

»Iiiih«, macht Lasse, als der Seehund den Fisch mit den Vorderflossen packt und genüsslich ein Stück abbeißt.

»Wie hat er den nur erwischt?«, überlegt Ella erstaunt. »In dem Wasser kann er doch gar nichts sehen.«

»Ich glaube, ich weiß, wo wir das herausfinden können«, sagt Mama. »Dort drüben ist ein Nordsee-Museum. Was haltet ihr davon, wenn wir da mal nachfragen?«

Ella beobachtet, wie der Seehund die letzten Fischreste verputzt und dann seelenruhig aus dem Hafen ins offene Meer schwimmt. Sie nickt.

Bis zum Nordsee-Museum sind es nur ein paar Schritte. Sobald Mama ihre Eintrittskarten geholt hat, macht Ella sich auf die Suche. Irgendwo muss es doch Informationen über Seehunde geben. Doch sie findet nichts.

»Vielleicht hat der Seehund geraten«, meint Lasse. »Oder der Fisch ist ihm einfach ins Maul geschwommen.«

»Aber so wird er doch nicht satt«, entgegnet Ella. »Er muss eine andere Methode haben.«

Sie dreht sich um und will gerade um die nächste Ecke gehen, als plötzlich eine junge Frau vor ihr steht. »Hoppla, wohin bist du denn so schnell unterwegs?«

Verdutzt schaut Ella auf. Die Frau trägt ein T-Shirt mit einem Seehund darauf, und um ihren Hals hängt ein Band mit dem Logo des Museums. Auf einem Namensschild steht, dass sie Asya heißt.

»Kennst du dich mit Seehunden aus?«, fragt Lasse und schaut den Seehund auf Asyas T-Shirt an.

»Und wie!«, antwortet Asya und strahlt Ella und Lasse an. »Seehunde sind meine Lieblingstiere.«

»Meine auch«, sagt Lasse, obwohl Ella weiß, dass er letzte Woche noch Dinosaurier am liebsten mochte.

»Wir haben einen Seehund draußen im Hafen gesehen«, erzählt Ella. »Gerade eben.«

Asya lacht. »Das ist Kalle. Der kommt hier öfter mal zum Jagen vorbei.«

Jetzt oder nie, denkt Ella. Wenn jemand die Antwort auf ihre Frage weiß, dann ja wohl Asya.

»Wie kann der denn in dem trüben Wasser überhaupt etwas sehen?«, fragt sie und schaut Asya erwartungsvoll an.

Die setzt sich erst mal vor Ella und Lasse auf den Fußboden. »Gar nicht«, sagt sie dann und faltet ihre Beine zum Schneidersitz.

»Er sieht gar nichts unter Wasser?«, wiederholt Ella ungläubig.

Und Lasse ruft: »Ha! Wie ich gesagt habe: Er rät bloß.«

Doch Asya schüttelt lachend den Kopf. »Nein, nein«, erklärt sie. »Normalerweise können Seehunde unter Wasser ganz prima sehen. Doch wenn das Wasser so trübe ist wie heute, benutzen sie einen Trick, um Fische zu fangen.«

»Was denn für einen Trick?« Ella lässt sich neben Asya auf den Boden plumpsen. Auch Lasse setzt sich zu ihnen und streckt die Füße mit den Gummistiefeln von sich.

»Ist euch mal aufgefallen«, fragt Asya, »dass Seehunde sehr lange Schnurrhaare haben?«

Ella nickt. Das hat sie wirklich schon bemerkt.

»Und habt ihr beim Baden schon mal eure Hand ganz schnell durchs Wasser gezogen?«, fragt Asya weiter.

»Und ob!«, sagt Lasse, aber Ella guckt verdutzt. Was hat denn das eine mit dem anderen zu tun?

»Beim Seehund ist es so«, erklärt Asya. »Wenn das Wasser trüb ist, kann er die Fische nicht sehen. Doch genau wie ihr beim Baden bewirken auch Fische beim Schwimmen, dass sich das Wasser bewegt.«

»Ich kann eine richtige Strömung machen«, sagt Ella. »Dann fließt das Wasser hinter meiner Hand her.«

»Genau«, fährt Asya fort. »Und wenn ein Fisch schwimmt, bewegt er das Wasser ebenfalls. Er hinterlässt eine richtige Spur.«

»Aber die kann der Seehund doch auch nicht sehen«, überlegt Ella. »Wie findet er denn dann den Fisch?«

Schmunzelnd tippt Asya sich an den Mundwinkel, dorthin, wo beim Seehund die Schnurrhaare sind. »Er kann die Wasserspur *fühlen*.«

»Mit seinen Schnurrhaaren?«, fragt Lasse entgeistert. »Echt?«

Asya nickt. »Die Schnurrhaare sind sehr empfindlich.«

»Jetzt verstehe ich«, sagt Ella. »Der Seehund im Hafen musste überhaupt nichts sehen. Er hätte genauso gut die Augen zumachen können. Den Fisch hätte er trotzdem gefangen.«

»Und er ist sogar richtig gut darin«, bestätigt Asya. »Wenn das Wasser trüb ist, tauchen Seehunde einfach unter und schwimmen ein bisschen umher. Sobald sie die Wasserspur eines Fisches aufspüren, folgen sie ihr. Sie merken sogar, ob der Fisch vor ihnen eine Kurve geschwommen ist.«

»So was würde ich auch gerne können«, strahlt Lasse.

Auch Ella ist beeindruckt. Sie hätte nie gedacht, dass Seehunde so tolle Jäger sind. »Und wie oft muss er das machen, bis er satt ist?«, fragt sie noch.

Asya lächelt. »Richtig oft«, antwortet sie. »Ein Seehund frisst jeden Tag bis zu zehn Kilogramm Fisch. Das ist so viel wie zehn Saftpackungen.«

Ella macht große Augen.

»Wenn ihr morgen um dieselbe Zeit wiederkommt, könnt ihr Kalle bestimmt noch mal sehen.« Asya steht auf. »Er jagt immer im Hafen, wenn die Flut kommt.«

»Das machen wir«, sagt Ella. »Selbst wenn es morgen wieder regnet.«

Als sie sich von Asya verabschiedet haben und am Hafen zurückwandern, schaut Ella aufs graue Meer. Ob dort unten gerade viele Fische schwimmen? Sie kann es kaum erwarten, morgen zurückzukommen und Kalle wiederzusehen.

Entschlossen zieht Ella ihre Mütze tiefer ins Gesicht und setzt ihre Kapuze auf. Dieser Urlaub ist wirklich der beste, den sie je hatten! Trotz Regen.

Ist das Reh die Frau vom Hirsch?

»Ich bin zuerst da!«, schreit Layla und rennt mit wehenden Haaren auf den Grillplatz zu. Ihre Freundin Antonia gibt ebenfalls Gas und ist ihr dicht auf den Fersen. Gemeinsam laufen die Mädchen den Waldweg entlang.

Seit sie denken können, sind Antonia und Layla beste Freundinnen. Außerdem wohnen sie nebeneinander: Im gelben Haus wohnt Layla mit ihren Eltern, ihrer Schwester Yara und ihrem kleinen Bruder Omar. Im weißen Haus daneben wohnt Antonia mit ihrem Papa und einer ganzen Horde Meerschweinchen. Zwischen den Häusern stand früher mal ein Gartenzaun. Aber weil Antonia und Layla sowieso immer drüber geklettert sind, wurde er irgendwann einfach abgebaut. Jetzt spielen alle Kinder in beiden Gärten. Sie teilen sich das Trampolin auf Antonias Seite und die Schaukel auf Laylas. Erst letzten Sommer haben die Erwachsenen eine Feuerstelle genau in der Mitte gebaut. Die gehört jetzt allen.

Heute sind Antonia und Layla mit ihren Familien im Wildpark. Nur Laylas Schwester Yara fehlt. Sie ist heute mit ihren Freundinnen unterwegs. Das Ziegengehege haben sie gleich zu Beginn besucht. Nun sind sie auf dem Weg zu den Grillhütten. Layla und Antonia sehen schon das erste Holzhaus zwischen den Bäumen auftauchen.

»Erste!«, ruft Layla und bremst schlitternd vor der leeren Feuerstelle. Ihre Turnschuhe hinterlassen eine lange Schleifspur im Sand.

Auch Antonia bleibt stehen. »Schade, dass Kerstin nicht mitkommen konnte«, sagt sie, und Layla nickt. Sie finden es beide doof, dass Kerstin nicht dabei ist. Aber die ist mit ihren Eltern und ihrem kleinen Bruder in den Urlaub in die Berge gefahren. Auf der Postkarte, die sie ihnen geschickt hat, stand, dass sie Murmeltiere gesehen hat.

»Wenigstens kann sie uns von dem Murmeltier erzählen, wenn sie wieder da ist«, meint Layla.

Jetzt hat auch Laylas Papa den Grillplatz erreicht. Er stellt seinen Rucksack in der leeren Hütte ab und schaut sich suchend um. »Wo bleiben denn die anderen?«, fragt er.

Layla traut sich nicht zu rufen. Schließlich sind sie hier mitten im Wald, und sie will keine Tiere erschrecken. Aber dann muss sie auch gar nicht rufen, denn Mama und Omar kommen den Weg entlanggeschlendert. Antonias Papa geht hinter ihnen. Auf dem Rücken trägt er den zweiten schweren Rucksack, in dem die Getränke sind. Laylas Mama hat Omar auf dem Arm und spricht leise mit ihm. Von der Grillhütte aus wirkt es, als hätte Omar seine kurzen Arme ganz fest um ihren Hals geschlungen.

»Wieso trödelt ihr denn so?«, ruft Layla, als sie ihnen entgegengeht. Doch dann sieht sie, dass Omar ein ganz seltsames Gesicht macht. Er hält seinen Schnuller fest in der Hand und sieht aus, als würde er jeden Moment losheulen.

»Was ist denn, Tiger?«, fragt Layla, und sofort guckt Omar ein bisschen froher. Nur Layla nennt ihn Tiger.

»Is laut«, sagt Omar. Mit dem Schnuller wedelt er in der Luft herum, als könnte er damit zeigen, wie laut das Geräusch ist.

»Laut?«, wiederholt Layla und hockt sich vor ihren kleinen Bruder hin, als Laylas Mama ihn vom Arm herunterlässt. »Was ist denn so laut?«

Doch Omar muss gar nicht antworten. Denn ganz plötzlich hören es alle: Ein Geräusch schallt durch den Wald. Es klingt wie …

»Laut!«, sagt Omar.

»Aber echt!« Layla nickt Omar ernsthaft zu.

»Superlaut«, bestätigt Antonia.

»Ich wette, das ist ein ganz normales Waldgeräusch«, sagt Layla, damit Omar nicht noch mehr Angst bekommt. Sie lächelt ihm beruhigend zu und nimmt ihn dann an die Hand. »Komm, wir fragen mal Papa.«

Doch leider wissen weder Laylas noch Antonias Papa, was das für ein komisches Geräusch war.

»Das ist echt gruselig«, sagt Antonia. »Als ob hier Geister zwischen den Bäumen wohnen.«

»Pssssst!«, macht Layla und zeigt unauffällig auf Omar. Dann horcht sie. »Da ist es noch mal.«

Alle horchen mit. Tatsächlich: Wieder und wieder tönt das laute Geräusch durch den Wald. Wenn man es ein paarmal gehört hat, klingt es eigentlich gar nicht mehr so unheimlich, findet Layla. Im Gegenteil: Das Geräusch ist fast schon ein bisschen lustig. Wenn sie es genau bedenkt, klingt es, als ob … Und dann muss Layla auf einmal grinsen.

»Hihihi«, kichert sie, und alle schauen sie überrascht an.

»Was ist?«, fragt Antonia und runzelt die Stirn. »Was gibt es denn da zu lachen?«

Layla kichert so doll, dass sie Antonia nur mit Mühe antworten kann.

»Hahaha … Findet ihr nicht … findet ihr nicht, dass es klingt, als … als ob ein Riese rülpst?«

Antonia prustet laut heraus. Dann kichert auch Omar. Und selbst die Erwachsenen müssen ein bisschen lächeln bei der Vorstellung, dass hier ein rülpsender Riese im Wald hockt.

»Bevor wir grillen«, schlägt Antonias Papa vor, »sollten wir aber unbedingt nachschauen, ob es hier wirklich rülpsende Riesen gibt.« Er winkt sie mit einem Arm zu sich. »Mir nach!«

Die anderen folgen ihm begeistert. Vor lauter Lachen hat sogar Omar vergessen, dass er gerade noch Angst hatte. Alle zusammen gehen den matschigen Weg entlang – genau in die Richtung, aus der das Geräusch kommt. Mit so vielen Leuten ist es gar nicht mehr gruselig, denkt Layla. Eher ein Abenteuer. Was sie wohl herausfinden werden? Da entdeckt sie etwas.

»Ein Aussichtspunkt!«, ruft sie und rennt los. Gemeinsam mit Antonia erreicht sie als Erste den Zaun, der den Weg von einem steilen Abhang trennt.

»Boah«, macht Antonia und zeigt durch die Zaunlatten. »Da geht es aber tief runter. Von hier oben kann man das ganze Tal überblicken. Sind das dahinten Hirsche?«

Auf der Wiese unter ihnen steht tatsächlich eine Gruppe Hirsche. Eines der Tiere trägt ein großes Geweih auf dem Kopf.

»Das ist das Männchen«, sagt Antonia und zeigt auf den Hirsch, der jetzt im Trab über die Wiese läuft. Dann legt das große Tier plötzlich den Kopf in den Nacken und stößt ein lautes Rufen aus.

»Ach so«, staunt Antonia. »Der Hirsch macht also das Geräusch!«

»Papa«, sagt Layla schnell. »Lies doch mal vor, was auf dem Schild da steht.«

Laylas Papa, der neben einer großen Tafel mit einem Hirsch darauf steht, liest vor: »In der Paarungszeit hört man bei uns im Wildpark die Rufe der Hirsche. Damit ruft der männliche Hirsch die Hirschkühe.«

»Was sind denn Hirschkühe?«, fragt Layla.

»Na, die da«, antwortet Antonia und deutet wieder nach unten auf die Wiese. »Die ohne Geweih sind die Weibchen.«

»Und die heißen Kühe?« Layla ist ganz durcheinander. »Ich dachte immer, die Frau vom Hirsch heißt Reh.«

Nun schaut auch Antonia verwirrt. »Hm«, macht sie. »Jetzt bin ich mir auch nicht mehr sicher.«

»Was steht denn sonst noch auf der Tafel?«, erkundigt sich Layla, und ihr Papa macht einen Schritt zur Seite, damit die Freundinnen nachschauen können.

»Hier sind Bilder.« Antonia zeigt auf einige Fotos. Dann liest sie vor: »In diesem Gehege leben Rothirsche.«

»Da steht es!«, unterbricht Layla sie. »Der männliche Hirsch ruft die Hirschkühe. Die Kälber werden im Mai geboren.« Sie schaut Antonia an. »Dann stimmt es also: Das Weibchen heißt Hirschkuh. Die Babys heißen Hirschkälber.«

»Aber was ist dann ein Reh?«, will Antonia wissen. »Von wem ist das denn das Weibchen?«

Layla zuckt mit den Schultern. »Und wenn der Mann vom Reh nicht Hirsch heißt«, ergänzt sie, »wie nennt man ihn dann?« Ratlos sehen sich die Freundinnen an.

»Hey, Mädels!« Antonias Papa steht am anderen Ende des Aussichtspunktes und winkt ihnen von dort aus zu. »Ich glaube, hier steht, was ihr wissen wollt.«

»Noch ein Schild!« Antonia rennt hinüber und liest vor: »Anders als Hirsche tragen die männlichen Rehe nur ein kurzes Geweih. Bei sehr jungen Rehböcken hat das Geweih noch keine Verzweigung.«

»Aha!«, macht Layla. »Dann heißt der Mann vom Reh also Rehbock.«

»Und das Babys heißt Kitz«, weiß Antonia. »Das hatten wir neulich in der Schule.«

Die Mädchen strahlen sich an.

»Also, ich hab das noch nicht verstanden«, mischt sich Antonias Papa ein und legt die Stirn in Falten. »Wer ist jetzt noch mal wer?«

»Mensch, Papa!«, sagt Antonia. »Das ist doch ganz einfach. Der Hirsch ist der Mann der Hirschkuh. Und das Baby heißt Hirschkalb.«

Und Layla ergänzt: »Und ein Reh ist das Weibchen vom Rehbock. Aber da heißt das Baby Rehkitz.«

»Verstehe!« Antonias Papa lächelt den beiden Mädchen verschwörerisch zu. »So viel Wissen macht ganz schön hungrig, oder?«

»Grillen!«, ruft Antonia.

Und Layla bestimmt: »Den ersten Maiskolben kriegt Omar. Weil er den Hirsch zuerst gehört hat.«

Als alle zusammen zum Grillplatz zurückgehen, hüpft Omar auf dem Weg vor ihnen her. Zwischen den Bäumen erschallt immer noch das Rufen des Hirsches, der nach seinen Hirschkühen ruft. Doch unheimlich findet das jetzt niemand mehr.

Was fressen Schmetterlinge?

Ben kommt nach Hause und pfeffert wütend seine Schuhe in die Ecke. Blöder Roman! Blöder, blöder Roman!

Bens Mama hat die Haustür gehört. »Es gibt Pfannkuchen!«, ruft sie aus der Küche. »Papa kocht heute.«

Doch nicht mal die Aussicht auf Papas Spezialpfannkuchen kann Ben gerade aufmuntern. Der Streit mit seinem besten Freund hat ihm den Appetit verdorben.

»Ich hab keinen Hunger!«, brüllt Ben und rennt in sein Zimmer. Dort wirft er sich aufs Bett und vergräbt den Kopf im Kissen. Es dauert nur ein paar Sekunden, dann klopft es an der Tür.

»Ben?«, fragt Mama. »Kann ich reinkommen?«

Ben setzt sich im Bett auf und streicht sich die blonden Haare aus dem Gesicht. »Okay«, sagt er und rutscht nach vorne zur Bettkante. Als die Tür aufgeht, schnappt er sich seine Bettdecke und knäuelt sie unter dem Kinn zusammen.

»Was ist denn los?« Mama setzt sich neben Ben aufs Bett. »Warst du nicht mit Roman auf dem Spielplatz Ball spielen?«

Ben nuschelt etwas Unverständliches in seine Decke und reibt sich das Schienbein. »Roman ist doof«, sagt er dann. »Der spielt total unfair!«

Mama nimmt Ben in den Arm und gibt ihm einen Kuss aufs Haar. »Oje«, sagt sie. »Und jetzt habt ihr Krach?«

»Ja«, murmelt Ben. Aber er spürt schon, wie seine Wut weniger wird. Bei Mama im Arm ist irgendwie alles nur halb so schlimm.

»Was ist denn passiert?«, fragt sie.

Ben seufzt. Und dann erzählt er, wie er mit Roman auf dem Spielplatz Ball gespielt hat. Sie haben versucht, sich gegenseitig den Ball abzujagen. Am Anfang lief alles gut, und sie mussten sogar richtig viel lachen.

»Und dann?«, fragt Mama weiter.

»Dann hat Roman total unfair seinen Rollstuhl gedreht«, sagt Ben. »Sodass ich mir das Schienbein am Reifen angeschlagen habe.« Er zeigt Mama die Stelle an seinem Bein. Eigentlich sieht man fast gar nichts, denkt Ben. Und es tut auch kaum noch weh. Er war nur so sauer auf Roman, weil der sich plötzlich umgedreht hatte.

»Meinst du denn, das war Absicht?« Mama streicht vorsichtig über Bens Schienbein.

Ben überlegt. Immerhin waren sie mitten im Spiel. Er selber hatte sich auch ein paarmal weggedreht, damit Roman den Ball nicht bekam. Und dann hatte Roman das halt auch mal gemacht. Aber war das Absicht? »Ich glaube nicht«, gibt Ben zu. »Vielleicht war es auch nur ein Versehen.«

Mama lächelt ihn an. »Und jetzt?«

Ben atmet tief durch. »Ich glaube, ich gehe noch mal zurück«, sagt er. »Vielleicht ist Roman ja noch auf dem Spielplatz.«

»Bring ihn doch zum Essen mit«, schlägt Mama vor, als Ben aus dem Bett klettert. »Papa macht bestimmt ein paar Extra-Pfannkuchen.«

Als Ben auf dem Spielplatz ankommt, ist Roman tatsächlich noch da. Er sitzt unter einem Baum, und die Sonne blinkt auf den Rädern seines Rollstuhls. Genau wie Ben sieht auch Roman nicht besonders glücklich aus. Als er Ben entdeckt, hellt sich sein Gesicht auf.

»Hey«, sagt Roman.

»Hey«, antwortet Ben. Ein bisschen peinlich ist es ihm jetzt doch, dass er vorhin einfach abgehauen ist. Er öffnet den Mund, um etwas zu sagen, doch da zeigt Roman plötzlich auf den Boden neben seinem Rollstuhl.

»Guck mal! Ich glaube, der Schmetterling ist krank.« Roman schaut besorgt.

Verdutzt klappt Ben den Mund wieder zu. Wie kommt Roman denn jetzt auf einen Schmetterling? Aber dann sieht er ihn auch: Gleich neben Romans Füßen sitzt ein bunt gemusterter Schmetterling auf dem Boden und rührt sich nicht. Er sieht wirklich ein bisschen schlapp aus, findet Ben.

»Ich hab schon versucht, ihn anzustupsen«, erzählt Roman. »Aber ich komme nicht richtig ran und will ihn nicht verletzen.«

Erst jetzt bemerkt Ben, dass Roman einen langen Ast in der Hand hält. Der reicht zwar bis zum Boden, doch Ben versteht, dass Roman ihn nicht benutzen wollte. Der Schmetterling sieht ganz schön empfindlich aus.

»Ich versuche es mal«, sagt Ben und hält dem Schmetterling vorsichtig die Hand hin. Langsam hebt er ihn vom Boden hoch und setzt ihn auf Romans Knie.

»Mensch«, flüstert Roman. »Der bewegt sich ja kaum. Meinst du, er ist krank?«

»Ich weiß nicht«, antwortet Ben. »Vielleicht müsste er auch nur mal was essen.« Genau in diesem Moment knurrt sein Magen.

Roman und Ben schauen sich an. Und dann müssen sie beide laut lachen.

Irgendwie tut das gut, findet Ben. Sie lachen so sehr, dass Ben sich die Seiten halten muss und Roman sich in seinem Stuhl anlehnt.

»Tut mir leid, dass ich abgehauen bin«, sagt Ben, als er wieder Luft bekommt. »Ich war sauer, weil ich gegen dein Rad geknallt bin. Dabei habe ich einfach zu spät gebremst.«

»Mir tut es auch leid«, antwortet Roman. »Ich wollte nicht, dass du den Ball kriegst, und habe nicht aufgepasst. Das war keine Absicht. Freunde?«

»Freunde«, sagt Ben. »Und ich weiß, dass es keine Absicht war.«

Sie lächeln sich an. Einfach so ist ihr Streit vergessen.

»Und was machen wir jetzt mit dem Schmetterling?«, fragt Roman. »Wenn wir ihn hier sitzen lassen, wird er bestimmt gefressen oder so. Ich frage mich, wieso er nicht einfach wegfliegt.«

»Lass ihn uns mitnehmen«, schlägt Ben vor. »Ich wollte dich sowieso fragen, ob du bei uns essen willst. Es gibt Pfannkuchen.«

»Die Spezialpfannkuchen von deinem Papa?« Roman strahlt. »Da komme ich auf jeden Fall mit! Vielleicht fällt uns auf dem Weg ja noch ein, wie wir dem Schmetterling helfen können.«

Auf dem Rückweg zu Ben balanciert Roman den Schmetterling vorsichtig auf seinem Knie. Das Tier bewegt sich keinen Millimeter. Es scheint, als wäre der Falter völlig erschöpft.

»Dem geht es wie mir«, sagt Ben. »Bestimmt hat er Hunger. Wir könnten ihn füttern.«

»Aber womit?«, überlegt Roman. Er runzelt die Stirn. »Was fressen Schmetterlinge überhaupt?«

»Ich frag mal Papa«, meint Ben, als er die Haustür aufschließt und sie ins Haus lässt.

Fünf Minuten später sitzen sie gemeinsam in der Küche. Auf dem Tisch stehen die Sachen, die sie für ihre Rettungsaktion brauchen.

»Ob das klappt?« Roman starrt zweifelnd auf das Sammelsurium vor ihnen. Ein Glas mit lauwarmem Wasser steht neben dem Honigtopf aus Bens Küchenschrank. Daneben liegt ein Löffel mit langem Stiel. Dazwischen sitzt der Schmetterling und rührt sich immer noch nicht.

»Keine Sorge«, flüstert Ben ihm leise zu. »Wir retten dich!«

Vorsichtig rühren Ben und Roman aus einem Schluck warmem Wasser und etwas Honig eine süße Flüssigkeit an.

»Bist du sicher?«, fragt Roman unsicher. »Vielleicht mag er es nicht.«

»Einen Versuch ist es wert«, erwidert Ben. »Und Mama sagt, sie hat das schon mal gemacht.«

In Wirklichkeit ist Ben selber gespannt, ob sie mit dieser Idee Erfolg haben werden. Ob der Schmetterling das Honigwasser wirklich für Blütennektar hält? Denn das fressen Schmetterlinge, hat Bens Mama ihnen erklärt. Sie fliegen von Blume zu Blume und trinken den Nektar.

»Es kann losgehen«, verkündet Ben und rührt ein letztes Mal das Honigwasser um. »Jetzt müssen wir es nur noch vor ihn tropfen.«

»Mach du!«, sagt Roman. »Aber pass auf, dass er nichts auf die Flügel bekommt. Wir wollen ihn ja nicht verkleben.«

Mit dem Löffel träufelt Ben ein bisschen von der süßen Flüssigkeit auf den Tisch – genau vor den Schmetterling.

Eine ganze Weile passiert gar nichts. Doch dann …

»Er bewegt sich«, flüstert Roman atemlos. »Ich sehe seinen Rüssel.« Und tatsächlich: Der Schmetterling entrollt einen langen, dünnen Rüssel, den er in einer Spirale unter dem Kopf aufgerollt hatte.

»Er trinkt!«, flüstert Ben zurück, als der Schmetterling mit seinem Rüssel auf dem Tisch herumtastet und ihn schließlich in den Wassertropfen taucht.

Ein paar Minuten lang bleiben Ben, Roman und der Schmetterling still sitzen. Dann bewegen sich die Schmetterlingsflügel auf einmal langsam auf und ab. Der Schmetterling trinkt und trinkt. Mal klappt er die Flügel zusammen, dann wieder auf. Mit jeder Minute sieht er kräftiger aus, findet Ben.

»Ich glaube, es dauert nicht mehr lange«, sagt Roman, und Ben steht auf, um das Fenster zu öffnen. Kaum hat er den Griff herumgedreht, hebt der Schmetterling auch schon ab.

»Er fliegt!«, jubelt Roman und rollt schnell herbei, um eine Topfpflanze aus dem Weg zu schieben.

»Hurra!«, ruft Ben und hält den Fensterflügel fest. Der Schmetterling dreht eine Runde durch die Küche und fliegt dann durchs Fenster davon.

»Rettungsmission abgeschlossen«, sagt Ben. »Ich hab Hunger. Zeit für einen Berg Spezialpfannkuchen.«

Und Roman fügt hinzu: »Aber unbedingt mit Honig!«

Können Vögel pinkeln?

»Ist Sania schon da?« Leonie steht oben auf dem Treppenabsatz und schaut in den Flur hinunter. Dort sitzt ihre Zwillingsschwester Wibke auf einem riesengroßen Koffer und versucht, den Deckel zu schließen.

»Noch nicht«, keucht Wibke und drückt den Kofferdeckel fest hinunter. »Kannst du mir mal eben helfen?«

Doch auch zu zweit bekommen Wibke und Leonie den Riesenkoffer nicht zu. Es sind einfach zu viele Sachen drin. Immer wenn sie eine Seite beinahe zuhaben, klafft die andere Seite auf. Es klappt einfach nicht.

»Was macht ihr denn da?«, ertönt plötzlich eine Stimme von der offenen Haustür her. Sania! Als sie Wibke und Leonie auf dem Koffer sieht, muss sie ein bisschen lachen.

Sania ist Wibkes und Leonies Nachbarin. Sie wohnt mit ihrer Familie im Haus gleich neben dem der Zwillinge.

»Na endlich!«, stöhnt Leonie, aber sie lächelt. »Kannst du uns vielleicht mal helfen?«

Zu dritt werfen sich die Mädchen auf den Koffer – und der geht endlich zu.

»Du meine Güte!«, keucht Sania. »Wir wollen doch nur zum See. Was ist denn da alles drin?«

»Handtücher«, sagt Wibke.

»Badesachen«, ergänzt Leonie.

Doch als Sania immer noch skeptisch guckt, fügt Wibke an: »… und natürlich das Schlauchboot.«

Einen Moment lang sehen sich die Mädchen stumm an. Dann fangen alle gleichzeitig an zu lachen.

»Na gut«, sagt Sania schließlich und wischt sich ein paar Lachtränen von der Wange. »Danke jedenfalls, dass ich mitkommen darf!«

Sanias Familie hat heute etwas anderes vor. Sie fährt mit den Nachbarn von der anderen Seite in ein Museum. Aber Sania wollte lieber mit Wibke und Leonie zum See. Jetzt, wo sie die Badesachen und das Schlauchboot eingepackt haben, kann ja eigentlich nichts mehr schiefgehen. Doch da …

»Das darf ja wohl nicht wahr sein!«, tönt es von draußen. »Was ist das denn? So eine Sauerei!«

»Das ist Papa«, sagt Leonie.

»Der wollte eigentlich das Auto beladen«, erklärt Wibke.

»Vielleicht sollten wir mal nachsehen«, schlägt Sania vor.

Wie der Wind flitzen die drei Mädchen nach draußen und über die Wiese. Als sie sich dem Auto nähern, sehen sie sofort, was los ist: Der Papa von Wibke und Leonie steht vor der Kühlerhaube seines Autos und starrt auf einen gigantischen Haufen Vogelmist.

»Uäääääh!«, macht Sania und rümpft die Nase. »Das ist ja ein richtiges Vogelklo!«

»Die müssen heute Nacht auf dem Baum da gesessen haben«, sagt Leonie und zeigt nach oben. »Guckt mal!«

Tatsächlich: Direkt über dem Auto ist ein langer Ast. Jeder Vogel, der heute Nacht dort saß und mal aufs Klo musste, hat offenbar genau die Motorhaube des Autos getroffen. Gestern war noch alles sauber, und heute zieren kleine Flecken den Wagen.

»Ich muss sofort das Auto waschen«, seufzt der Papa der Zwillinge. »Vogelmist ist nicht gut für den Lack.«

»Wieso denn?«, fragt Leonie, aber ihr Papa ist schon auf dem Weg ins Haus.

»Das sind ja richtige Klumpen.« Sania rümpft noch einmal die Nase. Dann runzelt sie fragend die Stirn. »Müssen Vögel eigentlich gar kein Pipi machen?«

Wibke und Leonie zucken mit den Schultern. Die drei Mädchen schauen noch einmal genau hin. Die vielen Vogelhäufchen auf Papas Auto sind alle schwarz-weiß. Aber von Vogel-Pipi ist nichts zu sehen.

»Irgendwann müssen sie doch mal Pipi machen«, meint Wibke. »Oder ist das bei Vögeln anders?« Darauf hat niemand eine Antwort.

»Ich weiß was!«, ruft Leonie plötzlich. »Wir fragen Oma Matilde!«

Oma Matilde wohnt ein paar Häuser weiter. Sie ist eigentlich gar nicht Leonies und Wibkes richtige Oma. Doch sie wohnt schon ganz lange in der

Siedlung und kennt die Mädchen, seit sie Babys waren. Deshalb nennen die Zwillinge sie Oma.

»Super Idee«, antwortet Wibke. Dass sie da nicht selber draufgekommen ist!

Nur Sania kennt Oma Matilde nicht so gut, weil sie und ihre Familie erst später in die Straße gezogen sind. Deshalb fragt sie jetzt: »Ist Oma Matilde die Frau mit den Wellensittichen?«

Wibke und Leonie nicken. Und nun strahlt auch Sania. Sie hat schon viele Geschichten darüber gehört!

»Wir sind mal kurz bei Oma Matilde!«, ruft Wibke, als ihr Vater mit einem Eimer Wasser aus dem Haus kommt. Dann rennen die drei los.

»Macht nicht zu lange«, ruft der Papa der Zwillinge ihnen hinterher. »Wir wollen gleich los zum See.«

Aber da sind die Mädchen auch schon davongeflitzt.

Oma Matilde steht in ihrem Garten und gießt Blumen. Als Sania, Wibke und Leonie um die Ecke biegen, winkt sie ihnen zu. »Was macht ihr denn hier?«, lacht sie. »Und dann auch noch so eilig?«

Schnell erzählt Sania von dem Auto, dem Baum und dem Vogelklo. »Und deshalb«, sagt sie schließlich, »haben wir uns gefragt, ob Vögel auch Pipi machen.«

Oma Matilde fängt laut an zu lachen. »Was für eine großartige Frage«, sagt sie. »Ich glaube, das schauen wir uns genauer an. Wollen wir mal zu den Vögeln gehen?«

Die Mädchen nicken eifrig. Als sie Oma Matilde in Richtung Haus folgen, flüstert Wibke Sania zu: »Oma Matilde hat ein ganzes Zimmer nur für ihre Vögel! Ein richtiges Vogelzimmer.«

»Dann mal hereinspaziert«, sagt Oma Matilde, als sie im Haus angekommen sind. Sie hält den Vorhang auf, der an der Tür des Vogelzimmers hängt. Nacheinander schlüpfen Sania, Wibke und Leonie hindurch.

»Wow!«, macht Sania, als sie sich drinnen umschaut. »Das sind aber viele Wellensittiche.«

Überall im Raum zwitschern und trällern Vögel. Grüne, gelbe und blaue Wellensittiche nagen an Holzästen, angeln nach Futterspendern oder kraulen sich gegenseitig am Kopf. Manchmal hebt ein Tier ab und flattert auf einen neuen Ast. Mehrere große Käfige stehen an der Wand, doch die Türen sind offen, und die kleinen Papageien benutzen sie höchstens mal als Landeplatz.

»So viele Vögel«, wiederholt Sania.

»Ja«, sagt Oma Matilde und lächelt stolz. »Im Moment sind es genau 13. So nenne ich sie auch: *Die Wilde 13.*«

»Das passt ja.« Leonie duckt sich, als ein Wellensittich angeflogen kommt und auf Oma Matildes Schulter landet.

Es gefällt ihr, dass die Vögel hier frei fliegen können. Überall liegt Spielzeug herum. Auf dem Boden sieht sie weitere Äste und dazwischen … »Deine Wellensittiche gehen auch aufs Klo!«, sagt Leonie und zeigt auf eine Stelle vor ihren Füßen.

Oma Matilde nickt. Dann bückt sie sich und hebt ein paar der kleinen Klümpchen auf.

»Iiiih«, macht Sania, und auch die Zwillinge gucken ein bisschen komisch.

»Ist doch nur Vogeldreck«, sagt Oma Matilde. »Und außerdem kann ich euch das mit dem Vogel-Pipi so viel besser zeigen. Schaut mal genau hin. Welche Farben seht ihr hier?«

Die Mädchen beugen sich über Oma Matildes Hand.

»Schwarz und Weiß«, sagt Leonie.

Oma Matilde schmunzelt. »Da habt ihr eure Antwort«, sagt sie. »Das Schwarze ist das Häufchen. Das Weiße ist Vogel-Pipi.«

»Ach so!« Sania schlägt sich die Hand vor die Stirn. »So einfach ist das?«

»So einfach ist das«, sagt Oma Matilde. Doch dann ergänzt sie: »Kot und Urin kommen bei Vögeln gleichzeitig aus derselben Öffnung: der Kloake. Vogel-Pipi ist weiß, weil es sehr viel Harnsäure enthält. Die macht die weiße Farbe.«

»Aber wieso ist das Vogel-Pipi denn gar nicht flüssig?«, erkundigt sich Wibke, und Sania nickt. Diese Frage wollte sie auch gerade stellen.

»Vögel trinken nicht viel, damit sie beim Fliegen nicht zu schwer sind«, erzählt Oma Matilde. »Deshalb ist alles, was sie ausscheiden, auch eher ein Brei. Und wenn nicht, trocknet das wenige Wasser schnell.«

»Also können Vögel pinkeln, aber nicht mit sehr viel Flüssigkeit«, fasst Leonie zusammen.

»Und Vogel-Pipi ist weiß«, ergänzt Sania.

Oma Matilde nickt. Dann wendet sie sich an die Zwillinge: »Sagt eurem Vater, dass er das Auto waschen soll. Die Harnsäure aus dem Vogel-Pipi macht ihm sonst den Lack kaputt.«

»Das weiß er schon«, antwortet Wibke. »Er hat gleich den Putzeimer geholt.« Dabei fällt ihr ein, dass Papa zu Hause mit dem frisch gewaschenen Auto und dem Schlauchboot wartet. »Wir müssen los!«, sagt sie. »Danke, dass wir deine Vögel besuchen durften.«

»Und danke fürs Erklären«, fügt Sania hinzu.

Als Oma Matilde ihnen am Gartentor hinterherwinkt, sind die drei Mädchen in Gedanken schon fast am See. Doch in einem sind sich alle einig: Bevor es losgeht, müssen sie dringend noch mal aufs Klo.

Warum fressen Eisbären keine Pinguine?

»Hast du so eine schon mal in echt gesehen?«, fragt Filip und zeigt auf die Giraffe, die in ihrem Gehege gerade ein paar Blätter frisst.

Sein Freund Badru runzelt fragend die Stirn. »Wie *in echt*?«

»Na, draußen!«, erklärt Filip, während er seinen Rucksack zurechtrückt und dabei umständlich mit einem Eis hantiert. »Draußen in freier Wildbahn.«

»Ach so.« Badru muss lachen. Dann erzählt er: »Als wir meine Tante in Namibia besucht haben, haben wir Giraffen gesehen. Aber wir mussten dafür erst ziemlich weit rausfahren. Meine Tante wohnt ja in der Stadt.«

»Toll!«, sagt Filip begeistert. »Giraffen sind meine Lieblingstiere. Wenn es bei meiner Tante in der Nähe Giraffen gäbe, wäre ich bestimmt jeden Urlaub dort. Aber meine Tante wohnt leider in Polen.«

»Deine Tante wohnt am Nordpol?«, fragt Badru verblüfft, und Filip muss so sehr lachen, dass er fast sein Eis fallen lässt.

»In Polen! Meine Tante wohnt in Polen.«

»Oh.« Badru guckt ein bisschen verwirrt. Aber dann hellt sich seine Miene auf. »Wäre das nicht cool, wenn deine Tante wirklich am Nordpol leben würde? Da gibt es nämlich Eisbären. Das sind *meine* Lieblingstiere!«

»Oh, Eisbären! Die will ich auch noch sehen«, antwortet Filip. »Da sollten wir als Nächstes hingehen.«

Badru und Filip sind heute mit ihren Familien im Zoo. Sie sind schon an den Nashörnern und Pavianen vorbeigekommen. Im Streichelzoo haben sie die Ziegen gefüttert und danach die Voliere mit den Papageien besucht. Jetzt machen sie sich vom Giraffengehege aus auf den Weg zu den Eisbären.

Unterwegs unterhalten sich Filip und Badru darüber, welche Tiere ihnen bisher am besten gefallen haben. Filip entscheidet sich natürlich sofort für die Giraffen. Aber die Nashörner fand er auch toll. Badru schwankt noch zwischen einem sehr bunten Papagei, den sie in der Voliere gesehen haben, und den Pavianmännchen mit den riesigen Eckzähnen. Doch eigentlich freut er sich am meisten auf die Eisbären.

»Wir sind da«, verkündet Filip, als sie um eine Ecke biegen und vor ihnen das Eisbärengehege auftaucht.

»Guck mal, die schwimmen!«, sagt Badru. Und tatsächlich: im Wasser hinter der dicken Glasscheibe paddeln zwei Eisbären herum.

»Wow!«, macht Filip. »Was die für riesige Tatzen haben! Und diese langen Krallen erst! Bestimmt können die Eisbären damit richtig gut jagen.«

»Eisbären sind richtig gefährlich«, erklärt Badru. »Das weiß ich aus einem Buch. Sie leben ganz oben im Norden, in der Arktis. Da ist es so kalt, dass manchmal sogar das Meer zu Eis gefriert.«

»Dann fressen Eisbären bestimmt auch Pinguine«, vermutet Filip. »Die leben doch auch auf dem Eis. Oder?«

Badru zuckt mit den Schultern. Ein Bild von einem Eisbären mit Pinguin im Maul war nicht in seinem Buch.

Da geht plötzlich ein kleines Tor neben dem Eisbärengehege auf. Aus dem abgesperrten Bereich tritt ein Mann mit grüner Hose und Schirmmütze heraus. In den Händen hält er zwei große Eimer, aus denen Fischflossen herausschauen.

»Bäääh«, macht Filip, als der Mann an ihnen vorbeigeht. Er zeigt auf die Flossen. »Stinkefisch.«

Doch Badru ist entzückt. »Vielleicht füttert er die Eisbären!«, ruft er. »Los, komm mit!« Er packt Filip am Ärmel und zieht ihn mit sich. Flink folgen die beiden dem Mann bis zur anderen Seite des Geheges. Tief unten, weit unter dem Besucherbereich, befindet sich das Wasserbecken der Eisbären. Sie kommen gerade noch rechtzeitig, um zu sehen, wie der Mann zwei große Klumpen Eis aus den Eimern ins Becken kippt. Sofort tauchen die Eisbären hinterher.

»Der Fisch war eingefroren«, staunt Filip. Doch bevor er sich richtig darüber wundern kann, geht Badru auch schon auf den Mann zu und grüßt. Eilig

läuft Filip hinterher. Alleine hätte er sich bestimmt nie getraut, den Zoo-Mitarbeiter anzusprechen. Aber Badru ist eben so. Doch jetzt gerade sieht er gleichzeitig mutig und ein wenig unsicher aus.

»Hallo«, sagt Badru und streicht sich nervös über das Haar. »Sind Sie ein Tierpfleger?«

Der Mann dreht sich um. Als er Badru und Filip sieht, lächelt er und stellt die leeren Eimer ab. »Das bin ich«, sagt er. »Ich heiße Paul. Und wie heißt ihr?«

Badru und Filip sagen dem Mann ihre Namen, und dann platzt Badru heraus: »Wieso kriegen die Eisbären denn Eisklötze und keinen richtigen Fisch?«

Filip kichert. Genau das hat er sich auch gefragt.

Paul lacht auch. Ihm scheint die Frage überhaupt nichts auszumachen. Filip kommt es sogar so vor, als wäre er froh über die Frage. Denn Paul lächelt und schaut liebevoll zu den Bären hinüber, die gerade versuchen, den Fisch aus dem Eis zu pulen.

»Na ja«, sagt Paul. »Der Fisch ist schon echt. Und auch ganz frisch. Ich habe ihn nur eingefroren, damit die Eisbären was zu tun haben.«

»Sie sollen was zu tun haben?«, fragt Filip. Er wirft einen zweifelnden Blick ins Wasserbecken, wo die Eisbären noch immer herumschwimmen. Tatsächlich: Es sieht so aus, als würden die Bären mit den Eisklötzen spielen. Sie tauchen sie unter, schieben sie durchs Wasser und beißen immer wieder hinein.

Paul nickt. »Wenn wir den Bären ab und zu mal was Leckeres einfrieren, langweilen sie sich nicht so schnell. Es dauert nämlich ein bisschen, bis sie den Fisch aus dem Eis herausbekommen.«

»Klar«, sagt Badru, dem plötzlich ein Licht aufgeht. »Sie müssen ja warten, bis das Eis schmilzt.«

Filip findet, dass das ziemlich logisch klingt. Bestimmt kann Paul noch mehr Fragen beantworten. »Stimmt es, dass es am Nordpol so kalt ist, dass manchmal sogar das Meer zufriert?«, fragt er.

Paul guckt überrascht. »Das stimmt«, sagt er. »Ihr wisst aber viel.«

»Das steht in meinem Buch«, erklärt Badru. »Aber wir haben uns gefragt, ob Eisbären Pinguine fressen. Denn die leben doch auch auf dem Eis.«

»Ah!«, macht Paul und nickt ernsthaft. »Diese Frage höre ich immer wieder. Passt auf. Ich verrate euch mal was …« Geheimnisvoll beugt er sich zu Filip und Badru herunter. Mit verschwörerischer Miene hält er sich die Hand an den Mund, als wolle er ihnen die Lösung eines streng geheimen Rätsels verraten. »Eisbären«, flüstert Paul, »fressen in ihrem ganzen Leben keinen einzigen Pinguin.«

Verdutzt schauen die Jungen sich an.

»Aber wieso nicht?«, fragt Filip. »Rennt ein Eisbär denn nicht viel schneller als ein Pinguin? Die machen auf mich nicht den Eindruck, als wären sie besonders flott.«

»Nee«, antwortet Paul. »Aber sie müssen auch gar nicht wegrennen. Denn sie leben total weit von den Eisbären weg. Genau genommen auf der anderen Seite der Erde.«

»Ach so!« Badru hat es kapiert. »Eisbären leben im Eis am Nordpol. Aber Pinguine leben im Eis am Südpol.«

»Genau.« Paul greift nach seinen leeren Eimern. »Das ist Super-Spezial-Wissen. Ihr dürft es gerne weitererzählen. Ich gehe dann mal die Seelöwen füttern – aber ohne Eis. Tschüs!«

»Tschüs!« Badru und Filip winken Paul hinterher, als dieser durch das Tor verschwindet.

»Der war ja nett«, sagt Filip. »Gut, dass du ihn gefragt hast.«

»Finde ich auch«, stimmt Badru zu. »Ohne ihn wären wir da nicht draufgekommen.«

Filip und Badru bleiben noch eine Weile am Gehege stehen und schauen zu, wie die Eisbären ihren Fisch fressen. Bevor sie weitergehen, schlägt Badru vor, dass sie sich am Kiosk noch ein Eis holen – das zweite an diesem Tag.

Filip findet die Idee super. »Au ja«, sagt er. »Aber mein Eis bitte ohne Fisch!«

Warum heißt der Kalmar auch Tintenfisch?

»Wieso kann Lukas denn nicht mit ins Museum?«, fragt Lina beim Frühstück. »Er soll doch auch die Wale sehen!« Enttäuscht schiebt sie die Müslipackung von sich weg.

»Lukas muss heute leider arbeiten«, antwortet Mama und gießt sich noch eine Tasse Kaffee ein. »Er ist schon vor einer Stunde losgefahren.«

»Ohne Lukas würden die Tiere im Tierheim glatt verhungern«, sagt Julius. »Die füttert doch sonst keiner.«

Linas und Julius' großer Bruder arbeitet als Tierpfleger im Tierheim.

»Quatsch!«, entgegnet Lina. »Als Lukas mit uns im Urlaub war, hat doch auch jemand anders die Hunde und Katzen versorgt.«

»Nächstes Mal kommt Lukas bestimmt mit«, tröstet Papa. Er faltet die Zeitung zusammen und schaut Lina und Julius fragend an. »Seid ihr fertig mit dem Frühstück?«

Lina nickt.

Julius springt auf. »Los geht's!«

Kurz darauf sitzen alle vier im Auto. Die Fahrt zum Museum dauert zum Glück nicht lange. Ungeduldig stehen Lina und Julius an der Kasse, während Papa den Eintritt bezahlt.

Dann dürfen sie endlich in die großen Ausstellungsräume.

Überall sind verschiedenste Tiere und Pflanzen zu sehen. Doch heute haben Lina und Julius eine ganz bestimmte Abteilung des Museums im Auge.

»Wir treffen uns nachher im Café!«, ruft Mama ihnen hinterher, als die Geschwister zu den Meerestieren flitzen.

An der Decke der weiten Halle hängen riesige Modelle von Walen. Lina weiß, dass sie aus Plastik sind, weil Papa das mal auf einem Schild gelesen hat. Aber sie sehen aus wie echte Wale, findet sie.

»Guck mal!«, sagt Julius und zeigt quer durch den Raum. »Sie haben einen neuen Wal.«

Ganz hinten ist eine Ecke mit rot-weißem Flatterband abgesperrt. Dort hängt tatsächlich ein Wal an der Decke, der beim letzten Mal noch nicht da war. Eine Frau steht darunter und ordnet verschiedene Gegenstände in einer der Glasvitrinen.

»Der Wal sieht aber komisch aus«, sagt Lina. »Der hat ja einen eckigen Kopf. Wie der wohl heißt? Eckkopfwal?« Sie kichert.

»Los, wir fragen mal!«, schlägt Julius vor und marschiert auch schon auf die Frau neben dem Glaskasten zu. Die schaut ein bisschen überrascht, als Julius plötzlich neben ihr auftaucht, aber dann lächelt sie freundlich.

»Na, habt ihr schon unseren neuen Wal gesehen?« Sie deutet auf das Wal-modell über ihren Köpfen. »Cool, oder?«

»Ziemlich cool«, sagt Julius. »Was ist das denn für einer?«

Lina spitzt gespannt die Ohren. Die Frau arbeitet offenbar hier im Museum. Bestimmt weiß sie alles über Wale. Auch wie der neue heißt.

Doch bevor die Frau ihnen irgendwas erklärt, klappt sie erst mal die kleine Holzkiste zu, die sie in der Hand hält. Dann steigt sie über das rot-weiße Absperrband und setzt sich mit Lina und Julius auf eine Bank.

»Ich heiße Giulia«, sagt sie dann. »Und das da oben ist ein Pottwal.«

»Seit wann hängt der da?«, will Julius wissen, und Giulia lächelt – wahr-scheinlich, weil Julius so aussieht, als hätte er gerade eine riesengroße Torte geschenkt bekommen. Julius mag Wale wirklich sehr.

Giulia legt den Kopf in den Nacken. »Wir haben ihn gestern aufgehängt«, erzählt sie. »Das war vielleicht mühsam! Aber jetzt müssen wir nur noch die Vitrinen einräumen, und dann kann das Flatterband weg.«

Julius hat ebenfalls den Kopf in den Nacken gelegt und schaut zu dem riesigen Tier empor. Es ist so groß wie ein Bus. Und dann fällt ihm Linas Frage wieder ein. »Wieso heißt der Pottwal eigentlich Pottwal?« Er schaut Giulia erwartungsvoll an. Die lächelt noch immer freundlich. Julius ist sich sicher, dass es ihr Spaß macht, seine Fragen zu beantworten.

»Guckt euch mal den Kopf des Pottwals an«, sagt Giulia. »Der ist ganz eckig und sieht fast so aus wie ein großer, oller …«

»Pott!«, platzt Lina heraus und hält sich gleich darauf die Hand vor den Mund.

Giulia kichert. »Genau.«

Lina sieht an Julius' leuchtenden Augen, dass er ganz in seinem Element ist. Erst gestern hat sie ihn wieder mit seinem Walbuch in der Lese-Ecke gesehen. Das Walbuch ist furchtbar dick, und es sind sehr viele Bilder darin.

Giulia schaut so nett, dass auch Lina sich traut, eine Frage zu stellen. »Was fressen denn Pottwale?«

»Kalmare«, erwidert Giulia, während Julius gleichzeitig »Tintenfische!« sagt.

Verwirrt blickt Lina zwischen den beiden hin und her. »Also was denn jetzt?«

Auch Julius sieht durcheinander aus. Auf einem Bild in seinem Buch frisst ein Wal, der so ähnlich aussieht wie dieser hier, einen riesigen Tintenfisch. Doch was sind Kalmare?

Giulia muss lachen. »Jetzt guckt ihr aber beide so, als würdet ihr auf dem Schlauch stehen. Ist ja auch klar.« Sie nickt Julius zu. »Wir haben beide recht.«

Julius versteht nicht ganz, was sie meint. Also fressen Pottwale tatsächlich Tintenfische? Und außerdem Kalmare? »Was ist denn eigentlich ein Kalmar?«, will er wissen.

»Ein Kalmar ist eine besondere Art von Tintenfisch«, antwortet Giulia. »Er lebt sehr tief unten im Meer und ist die Lieblingsspeise von Pottwalen.«

»Eine besondere Art – gibt es denn verschiedene Tintenfische?«, fragt Lina verdutzt. Auch Julius runzelt verblüfft die Stirn.

»Oh ja«, sagt Giulia. »Wart ihr vielleicht schon mal an der Nordsee?«
Die Geschwister nicken.

Giulia fährt fort: »Da findet man doch manchmal am Strand die Überreste von Tintenfischen. Die sehen aus wie kleine weiße Boote, die mit der Strömung angetrieben werden. Schulp heißen die.«

»Die kenne ich!«, ruft Julius, und Lina nickt. Als sie mit Mama, Papa und Lukas im Urlaub waren, haben sie diese weißen Dinger am Meer gefunden.

»Dann wisst ihr ja, wie die aussehen«, sagt Giulia und dreht die kleine Holzkiste auf ihrem Schoß hin und her. »Jedenfalls: Diese Schulpe stammen von einem Tier, das Sepia heißt – auch ein Tintenfisch.«

»Dieses Tier war in meinem Strandbuch«, fällt Julius plötzlich ein. »Es sieht aus wie … wie ein Brot mit Vorhang an der Seite. Und vorne ist ein Kopf mit Fangarmen dran.«

Giulia fängt so laut an zu lachen, dass die anderen Besucher neugierig zu ihnen herüberschauen. »Hihihi«, kichert sie. »Wie ein Brot mit Vorhang! Besser hätte ich es nicht beschreiben können. Du hast vollkommen recht.«

Julius grinst erfreut.

Giulia stellt die Holzkiste neben sich auf die Bank und wendet sich wieder Lina und Julius zu. »Sepien schwimmen mit diesem Vorhang«, sagt sie. »Und sie haben zehn Fangarme, mit denen sie ihre Beute fangen. Ganz anders als der Oktopus.«

»Oktopus«, wiederholt Lina. »Das ist auch ein Tintenfisch, oder?«

Julius nickt. »Oktopusse stehen auch in meinem Strandbuch.«

»Dieses Buch muss ja super sein«, sagt Giulia anerkennend. »Es stimmt nämlich: Ein Oktopus ist auch ein Tintenfisch, genau wie die Sepien und der Kalmar. Manche Leute nennen den Oktopus auch ›Krake‹. Der Krake hat aber nicht zehn Arme, sondern nur acht.«

»Und er sieht auch nicht aus wie ein Brot«, wirft Julius ein. »Mehr wie ein Ball mit Augen und Fangarmen.«

Jetzt muss auch Lina kichern. Julius fallen immer so lustige Vergleiche ein.

»Ein Oktopus ist also dasselbe wie ein Krake«, erklärt Giulia weiter. »Und jetzt wird es spannend. Wisst ihr noch, wie viele Arme die Sepien haben?«

»Zehn«, sagt Julius.

Giulia nickt. »Und der Oktopus?«

»Acht«, antwortet Lina.

»Und der Kalmar ist was Besonderes«, sagt Giulia. »Kalmare sind ja auch Tintenfische. Sie haben aber acht Fangarme plus zwei, die besonders lang sind. Also zehn.«

»Kalmar, Sepia, Oktopus«, wiederholt Julius. »Das alles sind Tintenfische?«

»Genau«, sagt Giulia. »Denn ›Tintenfisch‹ ist eigentlich nur der Name für die ganze Tiergruppe. Übrigens: Wenn Pottwale Kalmare fressen, bleibt nur ein winzig kleiner Rest übrig.« Sie greift nach der Kiste, die neben ihr auf der Bank steht, und klappt den Deckel nach oben. Darin liegen viele kleine Gegenstände, die aussehen wie …

»Papageienschnäbel?«, fragt Lina.

Aber Giulia schüttelt den Kopf. »So sieht der Mund eines Kalmars aus«, sagt sie. »Wie groß die Kalmare sind, die der Pottwal frisst, kann man nur schätzen. Sie leben nämlich so tief unten im Meer, dass wir Menschen sie fast nie zu Gesicht bekommen. Pottwale können aber sehr tief tauchen und Jagd auf sie machen. Man berechnet die Größe der gefressenen Kalmare anhand dieser Schnäbel, die man im Magen toter Wale findet.«

»Kalmare sind ganz schön groß, oder?«, wirft Julius ein.

Giulia nickt. »Ein einziger Kalmar ist wahrscheinlich so lang wie wir drei zusammen. Das ist ganz schön groß für einen Tintenfisch.«

Sie steht auf und klettert über das Flatterband zurück in den abgesperrten Bereich. »Bald könnt ihr euch das alles in unserer neuen Ausstellung anschauen.« Sie winkt den Geschwistern zu. »Es war schön, euch zu treffen.«

»Tschüs!«, rufen Lina und Julius, als sie durch die Halle zur Tür zurücklaufen.

Auf dem Weg nach draußen stupst Julius Lina leicht an. »Mal gucken, ob Lukas das heute Abend auch alles weiß!«

Warum erforscht man Walschleim?

Krank sein ist blöd! Genervt greift Simon nach einem neuen Taschentuch und putzt sich geräuschvoll die Nase. Dann wirft er das Tuch zu den anderen auf den Haufen vor seinem Bett. Seit gestern ist er erkältet. Die Nase läuft, und sein Kopf tut weh. Simon fragt sich, wie viel Schleim überhaupt in so eine Nase hineinpasst. Bestimmt eimerweise!

Gerade will er sich wieder die Bettdecke über den Kopf ziehen, als es plötzlich an der Tür klopft.

»Herein!«, ruft Simon, und als er sieht, wer vor der Tür steht, geht es ihm fast schon ein bisschen besser. Aber nur fast. »Opa!«

»Na, Großer«, sagt Simons Opa und tritt ins Zimmer. Er steigt über den Berg zerknüllter Papiertaschentücher und setzt sich auf die Kante von Simons Bett. »Wie geht es dir?«

»Meine Nase ist zu«, stöhnt Simon und lässt sich vorsichtig wieder in sein Kissen sinken. »Und mein Kopf tut weh.«

»Eines von Omas Meerschweinchen ist auch krank«, erzählt Opa und streicht Simon über das Haar. »Sie hat sich richtig Sorgen gemacht, aber jetzt ist es schon wieder besser.«

»Die Arme.« Simon kann sich gut vorstellen, dass Oma sich Sorgen gemacht hat. Ihre Meerschweinchen sind ihr Ein und Alles.

»Aber um dich hat Oma sich auch Sorgen gemacht«, sagt Opa. »Deshalb hat sie mir einen Kuchen für dich mitgegeben.«

»Marmorkuchen?«, fragt Simon hoffnungsvoll. Omas Marmorkuchen ist einfach der beste.

»Marmorkuchen!«, bestätigt Opa. »Steht in der Küche.«

Simon läuft das Wasser im Mund zusammen. Doch er fühlt sich zu schlecht, um aufzustehen. Später vielleicht. Jetzt bleibt er erst noch ein bisschen liegen.

»Hier sieht's ja aus.« Opa betrachtet den Taschentuchberg vor Simons Bett. »Deine Nase ist wohl noch ziemlich dicht, was?«

Simon nickt.

»Wenn du ein Wal wärst, könnte man an dir ganz tolle Sachen erforschen«, meint Opa.

»Wie bitte?« Bestimmt hat Simon sich verhört. Hat Opa da gerade

was von Walen gesagt? Und davon, dass man an ihm irgendwas erforschen kann?

»Ja, ja«, sagt Opa jetzt. »Das habe ich neulich im Fernsehen gesehen. Wenn du ein Wal wärst, könnte deine Nase richtig wertvoll sein. Jedenfalls für Leute, die Walforschung betreiben.«

Simon versteht kein Wort. Was hat Opa im Fernsehen gesehen? Er setzt sich im Bett auf, und sofort fängt seine Nase wieder an zu laufen. »Gibst du mir bitte mal ein Taschentuch?« Simon zeigt auf die Packung Taschentücher, die neben Opa auf dem Bett liegt.

Als Simon sich die Nase geputzt hat, schüttelt er sein Kissen auf und lehnt sich dann erneut dagegen. »Jetzt noch mal von vorne«, sagt er. »Was hast du im Fernsehen gesehen?«

Opa strahlt. »Das war richtig spannend«, sagt er. »Da ging es um das Meer. Und um die Tiere, die darin leben. Gleich am Anfang haben sie gezeigt, wie man das Meer erforscht. Es gibt zum Beispiel Leute, die den Nasenschleim von Walen untersuchen. So richtig gründlich unter dem Mikroskop. Kannst du dir das vorstellen?«

»Aber …« Beinahe muss Simon lachen. »Aber woher haben diese Leute denn Walschleim? Die können einem Wal ja wohl kein Taschentuch reichen. Äh … oder?«

»Nee.« Opa grinst. »Aber die haben einen ganz irren Weg gefunden, wie sie trotzdem da rankommen.« Er zieht Simons Bettdecke zurecht und deckt seinen Enkel noch etwas mehr zu.

»Können Wale sich überhaupt erkälten?«, fragt Simon, und Opa macht eine Handbewegung, die wohl so viel bedeuten soll wie: Nicht so richtig.

»Es ist so«, erklärt Opa. »Wenn Wale untertauchen, müssen sie die Luft anhalten.«

»Weiß ich«, sagt Simon. »Weil Wale Säugetiere sind. So wie Hunde und Katzen. Oder wie Menschen.«

»Genau«, fährt Opa fort. »Also, wenn der Wal untertaucht, hält er die Luft an. Und deshalb muss er beim Auftauchen auch erst mal ausatmen.«

Simon erinnert sich, dass er das mal in einem Film gesehen hat. »Die Nase ist beim Wal oben auf dem Kopf, oder?«, fragt er und Opa nickt.

»Das wäre ja sonst auch umständlich. Stell dir mal vor, das Nasenloch wäre ganz vorne am Walkopf. Dann müssten die Wale immer gleich den ganzen Kopf aus dem Wasser halten, um zu atmen. Mit dem Nasenloch oben können sie gleichzeitig weiterschwimmen.«

»Und was hat das jetzt mit Nasenschleim zu tun?«, will Simon wissen.

»Na ja«, sagt Opa. »Wenn ein Wal auftaucht und erst mal ausatmet, fliegt ziemlich viel Zeug durch die Gegend: Ausatemluft, ein bisschen Meerwasser von der Wasseroberfläche, aber auch …« Er macht eine dramatische Pause.

»Aber auch was?«, fragt Simon.

»Aber auch ein bisschen Schleim aus der Nase des Wals«, antwortet Opa und verschränkt stolz die Arme vor der Brust. »Wahnsinn, oder?«

Simon findet das tatsächlich ziemlich cool. Dass Wale nur an der Luft atmen können, wusste er ja schon. Aber das mit dem Nasenschleim ist irgendwie spannend. Eklig auch. Aber vor allem spannend. Nur eine Sache kapiert Simon noch nicht so ganz.

»Wieso wollen denn die Forscher ausgerechnet Nasenschleim angucken?«, wundert er sich.

»Na, um Krankheiten zu erkennen«, erwidert Opa, als sei es das Normalste der Welt. »Es könnte doch sein, dass der Wal irgendwelche Krankheitserreger in seiner Lunge oder in

der Nase hat. Und um das rauszukriegen, braucht man eben den Schleim.«

»Aber Opa«, Simon tupft sich schon wieder mit dem Taschentuch die Nase ab, »woher kriegen die Forscher denn jetzt den Schleim?«

»Ah!« Opas Gesicht hellt sich auf. »Richtig, das Beste habe ich ja noch gar nicht erzählt. Die Leute, die so was erforschen wollen, fahren auf einem Schiff über das Meer und suchen nach einem Wal. Wenn sie einen gefunden haben, lassen sie einen ferngesteuerten Hubschrauber fliegen, der gerade mal so groß ist wie ein ferngesteuertes Auto. Und den steuern sie direkt über den Wal, wenn er gerade auftaucht.«

»Igitt«, sagt Simon, denn ihm dämmert schon, worauf Opa hinauswill. »Jetzt sag aber nicht, dass die Wale den Hubschrauber beim Auftauchen anatmen und vollschleimen.«

»Genau das wollte ich sagen«, strahlt Opa. Doch dann wiegelt er ein bisschen ab. »Natürlich ist die Walnase nicht ganz so doll verschleimt wie deine gerade. Es fliegt also viel weniger Schleim hoch, als man denkt. Aber es reicht anscheinend, um ein bisschen davon aufzufangen und zu untersuchen. Unter einem Mikroskop kann man da sicher ganz schön viel erkennen.«

»Verrückt!«, staunt Simon und zieht die Nase hoch. Dann kommt ihm ein Gedanke. »Wenn ich ein Wal wäre«, meint er, »würde ich mir bestimmt einen Spaß daraus machen, immer neue Kurven zu schwimmen. Nur damit der Mensch, der den Hubschrauber steuert, nicht vor Langeweile einschläft.«

»Wenn du ein Wal wärst«, lächelt Opa und steht von der Bettkante auf, »dann würdest du auch Fische oder Tintenfische essen statt Kuchen. Wie wäre es, wenn ich uns ein Stück von Omas fantastischem Marmorkuchen hole?«

Simon strahlt. »Das wäre super!«

Und während Opa in die Küche geht, um den Kuchen zu schneiden, denkt Simon noch ein bisschen über Wale nach. Nein, Fische und Tintenfische würde er nicht gerne essen. Dann schon lieber Kuchen!

Warum baden Spatzen im Sand?

»Ach, du liebe Zeit, wie seht ihr denn aus?!« Oma Gertrude schlägt lachend die Hände über dem Kopf zusammen, als Marvin und seine Schwester Susanna zum Gartentor hereinkommen. »Auf dem Spielplatz war wohl die Wasserbahn an, was?«

Marvin rafft seinen Pullover zusammen, den er sich über den Arm gehängt hat, und schüttelt sich ein bisschen Sand aus den Haaren. »Ja, die Wasserbahn war an«, bestätigt er. »Und der Wassersprüher auch!«

Der Spielplatz in der Nähe von Oma Gertrudes Haus war fast ein Jahr lang abgesperrt. Die alten Geräte waren so kaputt, dass man gar nicht mehr richtig auf ihnen spielen konnte. Doch seit ein paar Wochen ist der Spielplatz wieder geöffnet und viel besser als vorher. Er wurde umgebaut, und jetzt gibt es dort eine schmale und eine breite Rutsche, ein riesiges Abenteuergerüst, eine Seilbahn und, das Beste von allem: einen Wasserspielplatz.

Seit der Sommer da ist und die Sonne vom Himmel brennt, gehen Marvin und Susanna fast jeden Tag zum Spielplatz. Hinterher essen sie bei Oma zu Abend, und dann bringt Opa Herbert sie wieder nach Hause.

»Wir sind unter dem Wasserstrahl durchgerannt!«, erzählt Susanna begeistert und streicht sich das nasse Haar aus der Stirn. »Aber Marvin war immer schneller als ich.«

»Dafür bist du aber höher geklettert«, sagt Marvin und lächelt Susanna an. Der Pullover über seinem Arm hat einen großen Matschfleck. Susannas Sandalen sind klatschnass, und an ihrer Hose klebt sogar noch ein bisschen matschiges Gras.

»Was für ein Spaß!« Oma Gertrude schüttelt lachend den Kopf. »Ihr seht beide aus wie kleine Dreckspatzen. Überall Sand und Matsch. Wie wäre es mit einem Bad?«

»Au ja!«, ruft Susanna und rennt los in Richtung Haustür. Die Badewanne bei Oma und Opa ist viel größer als zu Hause. Da macht Baden richtig Spaß.

»Aber mit Schaum!« Marvin läuft ihr hinterher. Den Pullover kann er dabei gerade noch festhalten.

In Omas und Opas Badezimmer türmen Marvin und Susanna ihre dreckigen Klamotten auf einem großen Haufen auf. Zum Glück haben sie in Opas Kleiderschrank ein eigenes Fach mit Ersatzklamotten. Sonst müssten sie nach dem Baden glatt die sandigen Sachen wieder anziehen.

Oma Gertrude lässt das Badewasser in die riesige Wanne einlaufen. »Was möchtet ihr denn für Schaum haben?«, fragt sie.

»Bloß nicht das Erkältungsbad!«, sagt Susanna sofort und zieht die Nase kraus. »Das stinkt immer so.«

»Und ihr seid ja auch nicht erkältet«, lächelt Oma Gertrude. »Zum Glück haben wir noch mehr Badeschaum. Sucht euch einfach was aus.«

»Ich möchte den rosa Schaum«, sagt Marvin. »Der passt zu meinem Lieblingshandtuch.« Aus dem Regal an der Wand zieht er ein knallpinkes Badetuch mit einem Flamingo darauf.

Susanna nickt. »Der rosa Schaum riecht auch immer so lecker. Den nehmen wir.«

Kurze Zeit später sitzen sich Marvin und Susanna in einem riesigen rosa Schaumberg gegenüber. Der Schaum ist so hoch, dass er den beiden fast bis zur Nasenspitze reicht. Im Handumdrehen geht es dem Matsch und Sand vom Spielplatz an den Kragen. Oma Gertrude hantiert in der Zwischenzeit schon mal unten in der Küche.

»Du hast da noch Sand im Ohr«, sagt Susanna und streckt ihren Zeigefinger aus einem Schaumwölkchen heraus.

»Und du hast Dreck auf der Stirn«, antwortet Marvin. Er schöpft mit beiden Händen Wasser aus der Wanne und hält den Kopf schräg, damit er sein Ohr hineintauchen kann. Das ist gar nicht so leicht wie gedacht. Doch Marvin bekommt sein Ohr sauber.

»Zum Glück haben wir den Badeschaum«, meint Susanna. »Sonst würden wir den ganzen Dreck überhaupt nicht abkriegen.«

Marvin nickt und pustet ein paar rosa Schaumblasen in Susannas Richtung. Er ist wirklich froh, dass Oma den pinken Badezusatz immer wieder kauft. Das Erkältungsbad könnte sie hingegen gerne beim nächsten Einkauf weglassen.

»Essen ist fertig!«, ruft Oma Gertrude von unten, und die Geschwister beeilen sich mit dem Abtrocknen und Anziehen.

Vor einem großen Teller mit Käsebroten erzählen sie Oma Gertrude und Opa Herbert, was auf dem neuen Spielplatz heute los war. Dann fällt Susanna plötzlich etwas ein.

»Oma?«, fragt sie. »Wieso sagt man eigentlich ›Dreckspatz‹?«

Marvin hört auf zu kauen. »Das habe ich mich auch schon gefragt«, sagt er. Dabei fallen ein paar Brotkrümel aus seinem Mund auf den Tisch. »Spatzen sind doch gar nicht dreckig.«

Susanna zieht die Stirn kraus. »Eben.«

Oma Gertrude nimmt sich ein neues Brot. »Ich glaube, das kommt von dem Sand«, antwortet sie.

Marvin und Susanna schauen sich verwirrt an.

»Sand?«, fragt Marvin dann. »Was denn für Sand? Ich dachte, es heißt ›Dreckspatz‹ und nicht ›Sandspatz‹.«

Darüber muss Oma Gertrude lachen. »Habt ihr schon mal die sandige Stelle im Garten gesehen?«, fragt sie. »Da, wo das Rosenbeet zu Ende ist und die Kräuterspirale anfängt?«

Die Geschwister nicken.

»An der Stelle wird es immer matschig, wenn es regnet«, sagt Susanna.

Marvin nimmt noch einen Bissen von seinem Brot. »Amer mmift im Fommer«, sagt er.

»Wie bitte?« Susanna versteht kein Wort.

Marvin spült den Brotbissen mit einem großen Schluck Apfelschorle hinunter. »Aber nicht im Sommer«, wiederholt er.

»Stimmt genau.« Oma Gertrude lächelt. »Im Sommer, wenn es längere Zeit trocken bleibt, ist der Sand an dieser Stelle ganz fein und locker – fast schon ein Pulver. Das finden die Spatzen toll.«

»Wieso, was machen denn die Spatzen mit dem Sand?«, erkundigt sich Susanna. Dass Vögel Sand mögen, hat sie noch nie gehört.

Opa Herbert, der bisher nur interessiert zugehört hat, erklärt es ihnen: »Wenn der Sand im Sommer ganz trocken ist, benutzen die Spatzen die Stelle im Garten als Sandbad. Sie wälzen sich im Sand und schütteln dabei ihre Federn auf.«

»Sie wälzen sich im Sand?«, wiederholt Marvin verblüfft. »Aber dann staubt es doch. Da werden sie ja ganz dreckig.«

»Deshalb heißen sie also Dreckspatzen!«, ruft Susanna mit großen Augen. »Oder?«

»Mmhmm«, macht Opa Herbert. »Aber für die Spatzen ist der Sand gar nicht so dreckig. Im Gegenteil: Er ist für sie so was wie euer Badeschaum. Denn die Sandkörner verteilen sich zwischen den Federn, und wenn die Spatzen sich dann schütteln, fliegt der ganze Sand wieder heraus. Dabei nimmt er Milben und andere kleine Tiere mit.«

»Dann werden die Spatzen im Sand also sauberer?«, fragt Susanna.

Oma Gertrude tippt ihr auf die Nasenspitze. »Genau.«

»Also, ich würde nicht gerne im Sand baden«, sagt Marvin. »Dann könnte ich nämlich gar nicht mein Badetuch benutzen. Und außerdem ist Sand ja auch nicht so schön rosa wie der Schaum.«

»Mir ist es auch lieber, ihr badet im Wasser.« Oma Gertrude lacht. »Stellt euch mal vor, was Mama und Papa sagen würden, wenn wir euch jeden Abend sandig und dreckig nach Hause bringen würden.«

»Ach«, meint Susanna. »Wenn wir dafür keine Milben und andere kleine Tiere in den Haaren hätten, wären sie bestimmt froh. Aber zum Glück haben wir ja Badeschaum.«

Warum dürfen Igel keine Milch trinken?

»Neeiiin!«, schreit Laura, als Larissa die letzte laktosefreie Milch über ihre Cornflakes kippt. »Das war doch meine!«

Ihre kleine Schwester schaut betreten auf die Milchpackung. »Ups!«

Laura ist sauer. »Das hast du extra gemacht!«, beschuldigt sie Larissa. »Du weißt ganz genau, dass ich keine normale Milch trinken kann.«

»Ist ja gar nicht wahr!« Jetzt sieht auch Larissa wütend aus. »Das war ein Versehen. Hier!« Sie schiebt die Schüssel mit den Cornflakes zu Laura hinüber. Dabei schwappt ein bisschen Milch auf den Tisch.

»Igitt!«, sagt Laura. »Die will ich nicht. Da ist ja dein angesabberter Löffel drin.«

Schnell entbrennt ein Riesenstreit. Laura schiebt die Schüssel zurück, aber Larissa will sie jetzt auch nicht mehr behalten. Milch kleckert überallhin, und die Cornflakes werden ganz weich.

Als Laura und Larissa sich nur noch anschreien, kommt Mama in die Küche. »Schluss jetzt! Was ist denn mit euch los? So redet man doch nicht miteinander.«

Vor lauter Wut stehen Laura Tränen in den Augen. Sie ist so sauer auf Larissa! Aber wenn sie ehrlich ist, ist da außer der leeren Milchpackung noch etwas, das sie traurig macht. Niedergeschlagen starrt sie auf ihren Teller.

Eine Weile ist es ganz ruhig. Dann setzt Mama sich zu ihnen und stützt die Ellbogen auf den Tisch. »Jetzt mal ganz langsam«, sagt sie. »Was ist denn überhaupt passiert?«

»Larissa hat meine Milch benutzt«, murmelt Laura und starrt noch immer auf den Teller, der vor ihr steht. »Die letzte.«

»Aber doch nicht mit Absicht«, sagt Larissa. Lustlos rührt sie in den Cornflakes, die mittlerweile wie braune Pampe aussehen.

Mama legt ihre Hand auf Lauras Arm. »Warst du sauer, weil die Milch alle war?«

Laura nickt, doch irgendwie kann sie Mama nicht richtig ins Gesicht schauen. Denn da ist noch immer dieses komische Gefühl in Lauras Bauch.

»Was ist denn?«, fragt Mama und drückt ihren Arm sanft. »Hier geht es nicht nur um die leere Packung, oder? Ich sehe doch, dass dich irgendwas wütend und traurig macht.«

Larissa auf der anderen Seite des Tisches macht ein überraschtes Gesicht. »Stimmt das, Laura?«, fragt sie leise. »Bist du wirklich traurig?«

Der blöde Streit ist vergessen. Jetzt hören Mama und Larissa zu.

Laura holt erst mal tief Luft. »Ich hasse die doofe Milch«, sagt sie dann. »Immer muss ich Extramilch trinken. Wieso kann ich nicht normale Milch haben, wie alle anderen auch?«

»Aah«, macht Mama und drückt Laura einen Kuss aufs Haar. »Das ist es also.«

Doch Larissa versteht gar nichts. »Wenn du die doofe Milch sowieso nicht magst«, sagt sie, »wieso bist du dann so sauer, wenn ich die aus Versehen benutze?«

Jetzt streicht Mama kurz über Lauras Rücken. Gleichzeitig nimmt sie Larissas Hand. »Manchmal ärgert man sich einfach über mehrere Sachen gleichzeitig. Laura ist gerade traurig, weil sie immer laktosefreie Milch trinken muss. Aber gleichzeitig findet sie es doof, dass jetzt keine mehr für sie übrig ist. Stimmt's Laura?«

Laura nickt.

Das leuchtet Larissa ein. »Tut mir leid, dass ich deine Milch benutzt habe«, sagt sie. »Nächstes Mal passe ich besser auf.«

Auch bei Laura ist der Zorn längst verraucht. »Tut mir leid, dass ich dich angeschrien habe«, sagt sie. »Ich weiß ja, dass das keine Absicht war.« Doch auch wenn sie sich mit Larissa wieder vertragen hat, ist das komische Gefühl in ihrem Bauch immer noch nicht ganz weg.

Mama nimmt die beiden Mädchen in den Arm. »Dann wäre das ja schon mal geklärt«, sagt sie. »Euch beiden tut es leid, und Larissa passt demnächst besser auf. Wollen wir jetzt noch über die andere Sache reden? Darüber, dass Laura immer Extramilch trinken muss?«

Laura überlegt. Will sie? Doch dann platzt es einfach aus ihr raus: »Ich finde es blöd, dass ich immer aufpassen muss, welches meine Milch ist«, erklärt sie. »Wieso kann ich nicht einfach normale Milch trinken, wie alle anderen auch?«

Mama seufzt. »Weißt du«, antwortet sie. »Bis zu deinem letzten Geburtstag wussten wir ja noch gar nicht, dass du keine Kuhmilch trinken darfst. Aber vielleicht erinnerst du dich ja: Du hattest ganz oft Bauchweh.«

Laura denkt scharf nach. Es stimmt: Sie hatte früher wirklich häufig Bauchweh. Doch seit sie keine normale Milch mehr trinkt, sind die Bauchschmerzen weg.

»Aber wieso darf dann Larissa trinken, was sie will?«, fragt sie. »Das ist doch ungerecht.«

Mama lächelt Laura liebevoll an. »Das ist wirklich ein bisschen ungerecht«, stimmt sie zu. »Doch so ist das nun mal. Manche Menschen vertragen einfach keine Laktose.«

»Was ist überhaupt Laktose?«, will Larissa wissen und schiebt nun endgültig die Schüssel mit den zermatschten Cornflakes von sich. »Ist das so was wie Lack?«

Mama lacht, und sogar Laura muss ein bisschen lächeln.

»Nein«, sagt Mama. »›Laktose‹ ist ein anderes Wort für Milchzucker. Der ist in Kuhmilch drin, und manche Leute kriegen davon Bauchweh – so wie Laura.«

»Und in laktosefreier Milch ist die Laktose rausgenommen worden«, erklärt Laura weiter. »Deshalb kann ich sie trinken.« Eigentlich weiß sie das ja alles, trotzdem ist es ärgerlich.

»Wusstest du eigentlich«, sagt Mama, »dass du nicht die Einzige bist, die keine Laktose verträgt?« Laura schaut überrascht auf.

»Wer denn noch?«, fragt sie.

Jetzt lächelt Mama ganz geheimnisvoll. Dann beugt sie sich zu Laura hinüber und flüstert ihr ins Ohr: »Igel.«

»Ich will es auch hören!«, protestiert Larissa. Aber Laura ist so überrascht, dass sie kaum ein Wort herausbekommt. Erst nach einem kurzen Moment hat sie sich wieder gefangen.

»Igel?«, fragt sie verblüfft. »Igel vertragen auch keine Laktose?«

Larissa schaut Laura und Mama mit großen Augen an.

Mama nickt ernst. »Wirklich. Genau wie Laura bekommen Igel von normaler Kuhmilch ganz furchtbare Bauchschmerzen. Deshalb dürfen sie die auch nicht trinken.«

»Genau wie ich«, haucht Laura.

»Aber Baby-Igel trinken doch bei ihrer Mama Milch«, wirft Larissa ein. »Sonst werden sie doch nicht groß.«

Das stimmt allerdings. Laura weiß aus ihrem Naturbuch, dass die Babys von allen Säugetieren Milch trinken. Da hat sie eine Idee. »Wartet mal kurz!«, sagt sie. Sie springt von ihrem Stuhl und flitzt zum Bücherregal. Das Naturbuch liegt quer über den anderen Büchern, weil es so groß ist. Laura zieht es aus dem Regal und schleppt es zum Küchentisch. Dort angekommen, blättert sie so lange darin herum, bis sie die Seite mit den Igeln gefunden hat. »Lies mal bitte vor«, sagt sie und schiebt das Buch zu Mama herüber. Jetzt ist sie gespannt.

»Mal sehen …« Mamas Augen fliegen über den Text in Lauras Buch. Dann legt sie den Finger auf eine Stelle. »Hier steht's.« Langsam liest sie vor: »Junge Igel trinken die Milch ihrer Mutter. Anders als die Milch von Kühen enthält die Milch einer Igelmutter aber nur sehr wenig Laktose. Auch erwachsene Igel sind laktoseintolerant und bekommen von Milch Magen-Darm-Beschwerden. Igeln im Garten sollte man daher niemals Milch hinstellen.«

Auf einmal ist das komische Gefühl in Lauras Bauch wie weggeblasen. Sie ist nicht die Einzige, die keine normale Milch verträgt! Den Igeln geht es ganz genauso. Laura strahlt Mama und Larissa an.

Dann fällt ihr noch etwas ein. »Wenn man Igeln keine Milch hinstellen soll, was dürfen sie denn stattdessen essen?«, erkundigt sie sich.

Mama schaut erneut ins Buch. »Gekochte Eier«, liest sie vor, »Katzenfutter, gebratenes Hackfleisch ohne Salz und Gewürze.«

»Da kann Laura ja froh sein, dass sie nicht auch

noch Katzenfutter essen muss«, meint Larissa, und irgendwie muss Laura darüber so sehr lachen, dass sie sich sogar die Seiten halten muss. Auch Mama und Larissa kichern mit.

»Puh«, sagt Mama, als sich alle wieder beruhigt haben. »Die Milch ist also alle, und die Cornflakes sind nur noch Brei. Wie wäre es denn mit Rührei statt Katzenfutter zum Frühstück?« Die Schwestern nicken begeistert.

»Und wenn wir nachher einkaufen gehen«, sagt Laura, »bringen wir für mich eine Extrapackung Spezialmilch mit!«

Womit essen Fliegen?

Platsch! Als Luis zum achten Mal die Wurst in die Grillsoße fallen lässt, muss Keno so sehr lachen, dass er beinahe einen Schluck Limo in die Nase bekommt. Luis ist sein kleiner Bruder. Er kann noch nicht mit Messer und Gabel essen, und ab und zu passiert ihm ein Missgeschick. So wie eine Wurst, die in die Grillsoße fällt und alles vollspritzt.

»Du musst reinpiken«, sagt Keno und greift über den Gartentisch, um Luis zu helfen. »Guck mal: so!« Geduldig macht er es noch mal vor. Doch Luis wedelt nur mit seiner kleinen Kindergabel und nimmt die Wurst dann einfach in die Hand.

Keno lacht wieder. »So geht es natürlich auch.«

»Er ist schon ganz vollgeschmiert«, bemerkt Magnus, Kenos großer Bruder. Stirnrunzelnd beobachtet er, wie Keno vergeblich versucht, den kleinen Luis für die Gabel zu begeistern.

Mama reicht Keno schließlich ein Stofftuch. »Lass ihn einfach mal machen«, sagt sie. »Wir stecken ihn nachher in die Badewanne.«

Magnus dreht sich zum Grill um. »Papa, wann ist mein Würstchen fertig?«, fragt er und klopft ungeduldig mit Messer und Gabel auf den Tisch. Es ist lange her, dass sie im Garten gegrillt haben, doch heute ist endlich das Wetter gut genug. Jetzt sitzt die ganze Familie unter dem Sonnenschirm und grillt. Eigentlich grillt nur Papa, aber das zählt für alle, findet Keno.

74

»Moment noch«, sagt Papa und wendet mit einer langen Zange Fleisch und Gemüse auf dem Grill. »Ich bin fast fertig.«

Schon nach ein paar Minuten haben alle etwas zu essen auf ihren Tellern.

Keno wedelt mit einer Hand die Fliegen von seinem Salat. »Die nerven«, beschwert er sich. »Wieso können die Fliegen nicht einfach was anderes essen?«

Auch Magnus scheucht immer neue Fliegen von seinem Teller. Ständig versucht eines der Insekten, darauf zu landen. Jedes Mal, wenn einer von ihnen nicht aufpasst, lassen sich die Fliegen auf seinem Essen nieder.

»Ich wusste gar nicht, dass Fliegen auch Wurst mögen«, sagt Magnus. »Wurst gibt es doch in der Natur gar nicht.«

Der Gedanke schießt Keno so plötzlich durch den Kopf, dass er gar keine Zeit hat, darüber nachzudenken. Als Magnus sagt, in der Natur gäbe es gar keine Wurst, platzt Keno mit dem ersten Satz heraus, der ihm einfällt: »Doch, klar: Kackwurst!«, ruft er. »Äh … ich meinte natürlich Hundehaufen«, fügt er schnell hinzu, aber das klingt irgendwie auch nicht besser.

»Dann lasst doch jetzt mal eine Fliege auf eurem Teller landen und schaut genau hin«, sagt Opa.

Keno und Magnus lehnen das Telefon an eine Limoflasche, damit sie Opa auch dann noch sehen, als sie sich über Kenos leeren Teller beugen.

»Hier ist eine«, sagt Keno. »Aber was sollen wir angucken?«

»Könnt ihr sehen, womit sie frisst?«, fragt Opa. Die Geschwister beugen sich noch ein bisschen mehr nach vorne. Ihre Nasen berühren jetzt fast den Tellerrand. Tatsächlich kann Keno am Kopf der Fliege eine Art Rüssel erkennen, mit dem sie auf dem Teller herumtupft. »Sie hat einen Rüssel!«, ruft er entzückt.

Opa nickt. »Und sie tippt damit immer wieder den Teller an, oder?«

Überrascht schaut Keno auf. »Genau!«

»Fliegen essen, indem sie Flüssigkeiten aufsaugen«, erklärt Opa. »Feste Sachen sind ihnen zu groß. Sie haben keine Zähne, sondern nur diesen kleinen Rüssel, der am Ende ein bisschen dicker ist. Ich finde, er sieht ein bisschen aus wie ein Staubsauger.«

»Aber wieso sitzen sie dann immer ausgerechnet auf meinem Würstchen?«, fragt Keno.

»Oder auf der Kackwurst?«, fragt Papa mit vollem Mund.

Mama stupst ihn leicht in die Seite. »Kannst du jetzt mal damit aufhören?«, fragt sie vorwurfsvoll. Doch ihre Mundwinkel zucken. Keno sieht genau, dass sie sich das Lachen verkneifen muss.

Auch Opa schmunzelt. »Die Kackwurst ist für Fliegen besonders interessant«, erwidert er. »Darauf landen sie, weil sie nachschauen wollen, ob noch was von dem

78

»Moment noch«, sagt Papa und wendet mit einer langen Zange Fleisch und Gemüse auf dem Grill. »Ich bin fast fertig.«

Schon nach ein paar Minuten haben alle etwas zu essen auf ihren Tellern.

Keno wedelt mit einer Hand die Fliegen von seinem Salat. »Die nerven«, beschwert er sich. »Wieso können die Fliegen nicht einfach was anderes essen?«

Auch Magnus scheucht immer neue Fliegen von seinem Teller. Ständig versucht eines der Insekten, darauf zu landen. Jedes Mal, wenn einer von ihnen nicht aufpasst, lassen sich die Fliegen auf seinem Essen nieder.

»Ich wusste gar nicht, dass Fliegen auch Wurst mögen«, sagt Magnus. »Wurst gibt es doch in der Natur gar nicht.«

Der Gedanke schießt Keno so plötzlich durch den Kopf, dass er gar keine Zeit hat, darüber nachzudenken. Als Magnus sagt, in der Natur gäbe es gar keine Wurst, platzt Keno mit dem ersten Satz heraus, der ihm einfällt: »Doch, klar: Kackwurst!«, ruft er. »Äh … ich meinte natürlich Hundehaufen«, fügt er schnell hinzu, aber das klingt irgendwie auch nicht besser.

Magnus starrt ihn an und muss lachen. Doch dann legt er die Gabel beiseite. »Keno hat eigentlich recht«, meint er. »Fliegen sitzen wirklich dauernd auf Hundehaufen. Und auf Mülltonnen.« Entsetzt starrt er auf seinen Teller hinunter. »Und dann auf meinem Essen.«

»Iiih!«, macht Keno. So genau hat er sich das gar nicht überlegt. Ist ja kein Wunder, dass niemand Fliegen auf seinem Teller haben will. Dann denkt er noch einmal ganz scharf nach. Was essen überhaupt Fliegen?

»Was essen überhaupt Fliegen?«, fragt Magnus in diesem Moment, und Keno muss lächeln. Da ist ihnen beiden gleichzeitig dieselbe Frage durch den Kopf gegangen.

Doch Mama weiß keine Antwort. Und Papa zuckt auch nur mit den Schultern. »Da müssten wir mal Opa anrufen«, schlägt er vor. »Der weiß so was.«

Kenos, Magnus' und Luis' Opa arbeitet in einem Museum. Dort stehen viele ausgestopfte Tiere herum, und Keno weiß, dass es auch eine ganze Wand voll Käfer, Fliegen und Bienen gibt. Papa hat recht: Opa weiß be-

stimmt, was Fliegen essen. Insgeheim hofft Keno, dass Opa ihnen auch noch sagen kann, *wie* Fliegen essen – also: womit. Denn Zähne haben sie ja nicht, oder doch? Misstrauisch beäugt Keno eine Fliege, die gerade neben seinem Teller landet. Nein, Zähne sieht er nicht. Nicht mal winzig kleine.

Mama hat schon ihr Telefon gezückt. Während sie Luis davon abhält, sich Grillsoße in die Haare zu schmieren, sucht sie Opas Nummer heraus und drückt dann auf das Symbol mit der Kamera. Es dauert nicht lange, bis Opas Gesicht auf dem Bildschirm erscheint. »Hier«, sagt Mama und reicht Keno das Telefon.

»Hallo, Opa«, ruft Keno. Magnus springt von seinem Platz auf und rennt um den Tisch herum, um sich neben Keno auf die Bank zu setzen.

»Hallo, ihr beiden«, sagt Opa und winkt ihnen durchs Telefon zu. »Was macht ihr denn Schönes?«

»Wir grillen«, antwortet Keno und hält das Telefon so, dass Opa den Gartentisch und den Grill sehen kann. »Aber hier sind überall Fliegen, und wir haben eine Frage.«

»Über Fliegen?«, fragt Opa.

Keno sieht, wie er sich mitsamt dem Telefon in einen gemütlichen Sessel setzt. Das ist das Tolle an Opa: Er hat immer Zeit, wenn Keno oder Magnus ihn etwas fragen wollen.

»Wir möchten wissen, was Fliegen essen«, sagt Magnus und beugt sich zu Keno herüber, damit sie beide im Bild zu sehen sind.

»Und womit«, ergänzt Keno. »Wir möchten auch wissen, womit Fliegen essen.«

»Und wieso sie auf Kackhaufen sitzen!«, ruft Papa von der Seite herein und winkt mit einer Grillwurst. Opa hebt eine Augenbraue. Keno und Magnus kichern.

»Ja.« Magnus nickt. »Das auch.«

»Seid ihr denn schon fertig mit Essen?«, fragt Opa.

Die Brüder nicken.

»Dann lasst doch jetzt mal eine Fliege auf eurem Teller landen und schaut genau hin«, sagt Opa.

Keno und Magnus lehnen das Telefon an eine Limoflasche, damit sie Opa auch dann noch sehen, als sie sich über Kenos leeren Teller beugen.

»Hier ist eine«, sagt Keno. »Aber was sollen wir angucken?«

»Könnt ihr sehen, womit sie frisst?«, fragt Opa. Die Geschwister beugen sich noch ein bisschen mehr nach vorne. Ihre Nasen berühren jetzt fast den Tellerrand. Tatsächlich kann Keno am Kopf der Fliege eine Art Rüssel erkennen, mit dem sie auf dem Teller herumtupft. »Sie hat einen Rüssel!«, ruft er entzückt.

Opa nickt. »Und sie tippt damit immer wieder den Teller an, oder?«

Überrascht schaut Keno auf. »Genau!«

»Fliegen essen, indem sie Flüssigkeiten aufsaugen«, erklärt Opa. »Feste Sachen sind ihnen zu groß. Sie haben keine Zähne, sondern nur diesen kleinen Rüssel, der am Ende ein bisschen dicker ist. Ich finde, er sieht ein bisschen aus wie ein Staubsauger.«

»Aber wieso sitzen sie dann immer ausgerechnet auf meinem Würstchen?«, fragt Keno.

»Oder auf der Kackwurst?«, fragt Papa mit vollem Mund.

Mama stupst ihn leicht in die Seite. »Kannst du jetzt mal damit aufhören?«, fragt sie vorwurfsvoll. Doch ihre Mundwinkel zucken. Keno sieht genau, dass sie sich das Lachen verkneifen muss.

Auch Opa schmunzelt. »Die Kackwurst ist für Fliegen besonders interessant«, erwidert er. »Darauf landen sie, weil sie nachschauen wollen, ob noch was von dem

Futter übrig ist, das der Hund vorher gefressen hat. Für Fliegen ist das ein Festmahl.«

»Uääh«, macht Magnus. »Ich glaube, mir wird schlecht.«

Keno dagegen ist begeistert. »Die Fliege kann sehen, was der Hund gefressen hat?«

»Also, sehen nicht gerade«, erklärt Opa. »Aber sie kann es mit ihren Füßen schmecken.«

Für einen Moment glaubt Keno, dass er sich verhört hat. Hat Opa gerade wirklich gesagt, dass Fliegen mit ihren Füßen schmecken können?

»Mit den Füßen?«, fragt Keno ungläubig, und Opa lacht.

»Fliegen sind tolle Tiere«, sagt Opa. »Sie können mit den Füßen schmecken. Und wenn ihnen eure Grillwurst zu groß ist, machen sie die einfach flüssig.«

»Wie bitte?«, fragt Magnus.

Opa ruckelt in seinem Sessel hin und her, bis er bequemer sitzt. »Dieser kleine Rüssel da«, erzählt er dann. »Mit dem nimmt die Fliege flüssige Nahrung auf. Aber sie kann auch selber Flüssigkeit durch den Rüssel hindurchspucken. Auf essbare Sachen, die ihr zu groß sind, spuckt sie einen Saft, der Festes in Flüssiges verwandelt.
Und das trinkt sie dann.«

Keno und Magnus schauen sich entsetzt an. Wie eklig!

Opa klopft sich ein Kissen zurecht. »Zum Glück funktioniert das nur mit Wurst und anderem Essen. Und nicht mit dem Teller.«

»Irgendwie bin ich froh, dass ich keine Fliege bin«, sagt Keno, während Magnus immer noch ein angeekeltes Gesicht macht.

Sie reden noch eine Weile über Fliegen und über das Grillen und darüber, wie es wohl wäre, wenn Keno mit den Füßen schmecken könnte. Am Ende kommen Keno die Fliegen nur noch halb so eklig vor. Eigentlich sind sie sogar ziemlich spannend.

»Ich bin aber auch ziemlich froh, dass du keine Fliege bist«, sagt Opa schließlich. »Sonst müsstest du immer mit deinen Füßen in der Salatschüssel stehen, um herauszufinden, ob der Salat dir schmeckt. Außerdem könnte ich mit einer Fliege gar nicht so nett telefonieren.«

Und damit, findet Keno, hat Opa wirklich recht.

Warum tragen Bienen gelbe Hosen?

Heute ist das Wetter so schön, dass alle draußen im Garten der Kita essen können. Die Kinder nehmen ihre Brotdosen und ihre Wasserflasche mit und suchen sich einen Platz neben dem großen Blumenbeet. Da ist die Wiese nämlich besonders weich.

Auch Sophie, Marita und Janne packen ihre belegten Brote aus.

»Ich habe Gurke«, sagt Sophie. »Wollt ihr was abhaben?«

Was für eine Frage! Natürlich wollen Marita und Janne gerne ein Stück Gurke. Auch Marita teilt ihre Weintrauben, und Janne stellt ihre Möhrensticks in die Mitte. Wie bei einem richtigen Picknick.

Die anderen Kinder haben sich um sie herum auf der Wiese verteilt. Nur Thorben und Anja, die Erzieher, sitzen auf einer Bank. Genau wie die Kinder haben auch sie ihr Mittagessen nach draußen mitgenommen.

»Was habt ihr drauf?«, fragt Janne und klappt neugierig ihr Pausenbrot auf. »Ich habe Leberwurst.«

»Frischkäse«, murmelt Sophie mit vollem Mund.

Marita kann gar nichts sagen, weil sie dann lauter klebrige Krümel umherspucken würde.

»Ich seh schon«, sagt Janne. »Auf deinem Brot ist Honig.«

Marita nickt.

Sie sitzen eine Weile friedlich nebeneinander und essen. Doch dann

springt Janne plötzlich auf und hält ihr Brot in die Höhe. »Eine Biene!«, ruft sie. »Ich glaube, die will an meine Leberwurst. Hau ab!«

»Quatsch«, sagt Marita, während Janne mit dem Brot in der Hand um sie herumtanzt. »Bienen essen doch gar keine Leberwurst. Die will bestimmt mein Honigbrot!« Sicherheitshalber steht sie auch auf und hält ihr Brot am ausgestreckten Arm von sich weg.

Doch die Biene will Maritas Honigbrot nicht. Und sie hat auch kein Interesse an Jannes Leberwurst. Stattdessen fliegt sie einfach wieder davon.

Sophie, die seelenruhig sitzen geblieben ist, schiebt sich den letzten Bissen Frischkäsestulle in den Mund.

»Ihr könnt euch wieder beruhigen«, meint sie. »Die wollte bestimmt bloß ins Beet.« Mit einem käseverschmierten Finger zeigt sie auf die Blumen neben ihrem Picknickplatz.

»Ach so.« Marita wartet, bis Janne wieder sitzt, und setzt sich dann neben sie. Dann schaut sie nachdenklich auf die vielen bunten Blüten. »Ist ja auch kein Wunder, dass die Bienen lieber zu den Blumen wollen. Die haben bestimmt genauso viel Hunger wie wir.«

»Die Blumen?«, fragt Janne.

»Die Bienen«, erklärt Marita und reicht Sophie ein Papiertuch für ihre verschmierten Finger.

Ein Schatten fällt über die Gesichter der Mädchen. Thorben ist von der Bank aufgestanden und zu ihnen herübergespaziert. »Ist bei euch alles in Ordnung?«, fragt er. »Ich habe euch herumspringen sehen.«

»Alles okay«, antwortet Sophie und zerknüllt das Papiertuch zwischen den Fingern. »Da war bloß eine Biene.«

Thorben nickt. »Ach so«, sagt er. »Bestimmt hatte die auch Hunger.«

»Hab ich auch schon gesagt«, bestätigt Marita. »Ich dachte, sie will mein Honigbrot. Wollte sie aber nicht. Sie wollte nur ins Blumenbeet.«

Janne runzelt die Stirn und zupft sich ihr T-Shirt zurecht. Heute trägt sie eins mit einem Piratenschiff darauf. »Wenn die Bienen auf den Blumen landen …«, beginnt sie, »… was machen die da eigentlich?«

Verwundert schauen Sophie und Marita sie an.

»Na, die sammeln Honig«, sagt Marita. »Und der kommt dann ins Glas.«

Doch Sophie wird auf einmal nachdenklich. Kann das wirklich sein? Sammeln Bienen Honig an den Blumen? Dann müssten ja eigentlich alle Blüten im Beet ganz klebrig sein. Grübelnd reibt sie sich die Nase.

»Ich glaube, Sophie denkt gerade scharf nach.« Thorben setzt sich zu den Mädchen auf die Wiese. »Willst du uns vielleicht verraten, was dir durch den Kopf geht?«

Ein bisschen peinlich ist es Sophie ja schon. Was, wenn sie jetzt etwas

Dummes sagt? Aber Janne und Marita sind ihre Freundinnen. Und Thorben ist immer nett. Von denen lacht bestimmt keiner über sie.

»Ich dachte nur gerade«, erklärt sie, »wenn Bienen an den Blüten Honig sammeln … warum sind die Blüten dann überhaupt nicht klebrig?«

Jetzt gucken Janne und Marita etwas verdattert. Doch Thorben klatscht begeistert in die Hände. »Sophie!«, ruft er. »Das ist aber schlau gedacht.«

Puh! Sophie atmet erleichtert auf. Dann war die Frage wohl doch nicht so doof, wie sie zuerst befürchtet hat.

Auch ihre Freundinnen schauen sie bewundernd an.

»Du hast recht«, sagt Janne und steht von der Wiese auf. Sie geht zum Beet und beugt sich zu einer besonders großen Blüte herunter. »Ich sehe auch keinen Honig.«

Thorben ist immer noch ganz aufgeregt. »Das liegt daran, dass es in den Blüten gar keinen Honig gibt!«, ruft er. Doch die Mädchen wollen es genauer wissen.

»Aber Honig kommt doch von Bienen!«, sagt Marita. »Oder?«

Janne steht noch immer am Blumenbeet und betrachtet die Blüten. Als eine Biene angeflogen kommt, lässt sie sie nicht aus den Augen. Sie beobachtet, wie die Biene auf der Blüte landet, in der Mitte ganz tief hineintaucht und dann wieder davonfliegt. »Kommt mal gucken«, sagt Janne, und nun schauen alle drei Mädchen genau hin.

»Guckt mal, die Biene hier hat eine gelbe Hose an!« Janne deutet auf eine Blume.

Sophie nickt. »Die hier auch.«

Marita zeigt auf eine andere Blüte und sagt: »Und die Biene hier drauf ist ganz staubig!«

Sofort stürzen die beiden anderen zu ihr. »Staubig?«

»Ich bin wirklich beeindruckt«, erklärt Thorben. Er sitzt noch immer auf der Wiese und schüttelt lächelnd den Kopf. »Wann seid ihr denn bloß alle so schlau geworden?«

Die Mädchen lachen.

»Jetzt müssen wir nur noch rauskriegen, was das alles bedeutet«, meint Janne.

»Was wissen wir denn?«, fragt Sophie. »Wir wissen: Bienen machen Honig. Aber den gibt es nicht in Blumen.«

Janne fügt hinzu: »Irgendwas sammeln die Bienen aber in den Blumen. Und manche von ihnen haben gelbe Hosen an.«

»Und der Staub«, ergänzt Marita. »Manchmal ist da noch Staub.«

Thorben fängt an zu lachen. »Ihr solltet unbedingt ein Detektivbüro aufmachen«, sagt er. »Wenn ihr wollt, erkläre ich euch eure Entdeckung.«

Das wollen Sophie, Marita und Janne unbedingt. Als Thorben anfängt zu erzählen, setzen sie sich schnell neben ihn.

»Bienen sammeln zwei Sachen«, beginnt Thorben. »Staubigen Blütenstaub und Nektar.«

Marita nickt heftig. »Den Blütenstaub habe ich gesehen. Er sieht aus wie gelber Sand. Die ganze Biene war voll damit.«

»Genau«, sagt Thorben. »Die Bienen sammeln den Blütenstaub, um damit ihren Nachwuchs zu füttern. Sie transportieren ihn in kleinen Klümpchen an ihren Hinterbeinen. Das sah für Janne aus wie eine Hose. Aber manchmal staubt die Biene sich aus Versehen auch selber ein bisschen damit ein. Der Blütenstaub bleibt an der Biene hängen, und wenn sie dann eine andere Blüte anfliegt, fällt dort der Blütenstaub herunter.«

»Ist das schlimm?«, fragt Sophie.

»Im Gegenteil!« Thorben lächelt. »Die Bienen bringen den Blütenstaub so von einer Blüte zur nächsten. Das nennt man Bestäuben. Eine bestäubte Blüte kann eine Frucht bilden.«

»Zum Beispiel einen Apfel!«, rutscht es Marita heraus.

Thorben nickt. »Richtig. Deshalb sind Bienen ja auch so wichtig.«

»Und was ist mit dem anderen?«, will Janne wissen. »Mit dem Nektar?«

»Da wird es spannend«, erklärt Thorben. »Bienen brauchen nämlich auch Nahrung für den Winter. Und das ist der Honig. Den lagern sie im Bienenstock, für die Zeit, in der es keine Blumen gibt.«

Wie gebannt hören die Mädchen zu. Honig kennen sie alle. Und im Gruppenraum hängt an der Wand ein Poster mit einem Foto von einer Bienenwabe. Doch wie passt das alles zusammen?

Thorben fährt fort: »Bienen sammeln flüssigen Nektar aus den Blüten. Der ist ganz süß. Die Bienen bringen ihn in den Bienenstock. Dort holen sie aus dem Nektar das ganze Wasser heraus, sodass nur noch eine zähe, süße Pampe übrig bleibt.«

»Der Honig!«, rufen Sophie, Marita und Janne wie aus einem Mund.

Und Janne ergänzt: »Honig entsteht also aus Nektar!«

Das müssen die Mädchen erst mal verdauen. Als die Pause vorbei ist und alle wieder reingehen, unterhalten sich die drei immer noch darüber, was sie gerade gelernt haben.

»Treffen wir uns nachher hier am Blumenbeet?«, fragt Sophie. »Ich will mir das noch mal angucken.«

Marita und Janne nicken. Und dann stürmen sie alle zusammen nach drinnen.

Warum haben Schlangen eine gespaltene Zunge?

»Glaubst du, es ist noch weit?« Tarek rückt den Rucksack auf den Schultern zurecht und schaut seinen Kumpel Alex fragend an.

»Ich hoffe nicht«, stöhnt Alex. »Wenn ich noch *einen* Schritt laufen muss, gehe ich mich beschweren.« Aber er grinst. Und auch Tarek kichert. Eigentlich finden sie den Kita-Ausflug beide ziemlich cool. Der Spazierweg mag vielleicht anstrengend sein, doch er schlängelt sich auch durch richtig wilde Natur. Sie haben schon umgefallene Bäume gesehen, riesige Steine und steile Abhänge. Vorhin, als sie an einem großen Gebüsch vorbeigelaufen sind, fingen die Mädchen vor ihnen an zu kreischen. Wegen einer winzigen Spinne! Bis jetzt ist der Ausflug ein tolles Abenteuer.

Die ganze Kita ist heute unterwegs. Alle Kinder tragen Rucksäcke mit ihrem Pausenbrot. Bettina und Jan, die beiden Erzieher, haben außerdem Sonnencreme und Mückenschutz im Gepäck. Außerdem haben sie Tarek vorhin heimlich verraten, dass sie auch noch Gummibärchen für alle dabeihaben. Aber die gibt es erst, wenn sie an ihrem Ziel, dem See, angekommen sind.

»Ich hab Hunger«, murmelt Tarek Alex zu. »Dein Rucksack riecht irgendwie nach Kuchen.«

»Mist«, sagt Alex und dreht den Kopf nach hinten und schnüffelt. »Kann sein, dass die Box aufgegangen ist.«

»Jedenfalls duftet es lecker«, meint Tarek. »Nach Zimt.«

»Das sind die Zimtschnecken«, erklärt Alex und grinst Tarek an. »Meine Mama hat für dich auch eine eingepackt. Ich gebe sie dir am See.«

Tarek lächelt zurück. »Meine Mama hat mir auch was Süßes für uns beide mitgegeben«, sagt er. »Baklava!«

Hochzufrieden marschieren Alex und Tarek hinter den anderen her. Sie können es gar nicht erwarten, endlich am See anzukommen und Kuchen zu essen.

Doch dann geht es plötzlich nicht mehr weiter. Die Kinder vor ihnen haben angehalten. Die ganze Gruppe staut sich auf dem Weg.

»Was ist los?«, fragt Tarek und reckt den Hals, um über die Köpfe der anderen Kinder hinwegzuschauen.

»Der Wegweiser ist umgefallen«, sagt vorne jemand. Als Tarek und Alex um die Gruppe herumgelaufen sind, sehen sie es auch: Auf dem Boden vor ihnen liegt ein langer Holzpfahl, an dem ein Schild befestigt ist. Irgend- wann muss der Pfahl mal aufrecht gestanden haben. Aber jetzt ist das Holz ganz bröckelig und vermodert. Kein Wunder, dass der Pfahl umgefallen ist.

»Was steht da drauf?«, fragt Tarek und tippt das Schild mit dem Fuß an.

Jan bahnt sich einen Weg zwischen den Kindern hindurch und liest vor: »Zum See.«

»Oh nein!«, ruft Alex. Entsetzt schaut er Tarek an. »Woher sollen wir jetzt wissen, wo es langgeht?«

Tarek starrt den Weg vor ihnen an. Es ist völlig klar, warum hier ein Weg- weiser stand. Der ist hier auch unbedingt notwendig. Der Weg teilt sich an dieser Stelle nämlich in zwei Wege auf: Ein Weg führt nach links, der andere nach rechts. Doch in welcher Richtung liegt der See?

»Keine Sorge«, sagt Jan zu den Kindern. »Wir haben eine Wanderkarte, auf der können wir nachschauen. Dauert nur einen Moment.«

Während Jan im Rucksack kramt und sich dann mit Bettina über die Karte beugt, lässt Tarek sich am Wegrand ins Gras fallen. »Ich habe mich schon so auf den See gefreut«, jammert er. »Und auf deine Zimtschnecken.«

Alex lässt sich neben ihm nieder und nimmt den Rucksack ab. Eine Wolke von Zimtduft hüllt die Freunde ein. »Man müsste den See riechen können«, sagt Alex. »Dann wüssten wir, in welche Richtung wir weitergehen müssen.«

Tarek schnaubt. Manchmal hat Alex echt komische Ideen. Doch da ruft Jan auch schon alle zusammen. »Wir müssen hier entlang«, erklärt er, und tatsächlich: Gleich hinter der nächsten Kurve taucht der See auf!

Es gibt eine große Wiese, einen schmalen Sandstrand und ganz viel klares Wasser. Endlich Picknick!

Tarek und Alex teilen sich die Zimtschnecken und das süße Baklava.

Doch plötzlich hört Alex auf zu kauen. Aufgeregt zeigt er auf die Wellen am Ufer des Sees. »Da schwimmt eine Schlange!«, ruft er.

Sofort springt Tarek auf und rennt ans Ufer. Er kann die Schlange gerade noch sehen, bevor sie in einem Gebüsch am Rande des Sees verschwindet.

»Die war ja winzig«, sagt Tarek.

»Viel kleiner als meine Wasserflasche«, ergänzt Alex und nickt. »Bestimmt war das ein Baby. Ob die giftig war?«

Jan stellt sich neben sie. »Das war eine Ringelnatter«, sagt er, als Tarek und Alex zu ihm aufschauen. »Ringelnattern sind harmlos.«

»Was essen die denn?«, erkundigt sich Alex, und Jans Gesicht verzieht sich zu einem Lächeln.

»Frösche«, antwortet er. »Und Molche. Und manchmal auch Eidechsen.« Tarek und Alex schauen sich an.

»Kein Wunder, dass sie schwimmen kann«, überlegt Tarek. »Ihr Essen schwimmt ja auch ganz oft. Nur …« Er verstummt und denkt nach.

»Nur was?« Jan hält ihnen eine offene Gummibärchentüte hin. Er hat wirklich welche dabei!

»Ich frage mich gerade«, sagt Tarek, »wie die Schlange überhaupt Frösche findet. Wartet sie einfach, bis sie einen trifft?«

»Manchmal«, nickt Jan. »Aber sie kann auch an Land nach Beute suchen.«

Alex erinnert sich auf einmal, dass er darüber mal etwas in seinem Schlangenbuch gelesen hat. »Deshalb haben Schlangen so eine komische Zunge!«, platzt er heraus. »Damit sie Beute verfolgen können.«

»Du meinst die beiden Zungenspitzen?«, fragt Jan. »Da hast du recht.«

»Kann mir das bitte mal einer erklären?« Tarek guckt verwirrt. »Schlangen haben gespaltene Zungen, das weiß doch jeder. Aber was hat das mit ihrem Essen zu tun?«

Alex holt tief Luft. »Das ist irgendwie so«, beginnt er. »Schlangen haben zwei Zungenspitzen. Und sie strecken ihre Zunge immer wieder aus dem Maul heraus. Damit merken sie, ob etwas zu fressen in der Nähe ist.«

»Mit ihrer Zunge?«, fragt Tarek entgeistert. »Wie merken sie das denn mit ihrer Zunge?«

Hilfe suchend schaut Alex Jan an. So ganz genau hat er das mit der Schlange und der Zunge auch noch nicht verstanden.

Aber Jan zögert keine Sekunde. »Weißt du noch, wie du vorhin die Zimtschnecken in Alex' Rucksack gerochen hast?«, fragt er und schaut Tarek lächelnd an.

»Das hast du gehört?«

Jan muss lachen. »Ich höre alles«, behauptet er. Doch dann erklärt er weiter: »Schlangen machen das ähnlich. Sie riechen, ob etwas zu essen in der Nähe ist. Und wenn sie einen Geruch bemerken, kriechen sie in seine Richtung.«

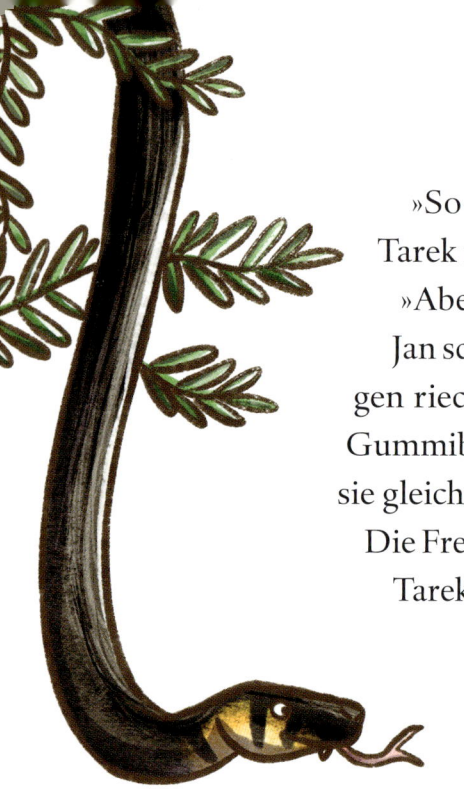

»So als würde ich Alex und seinem Rucksack hinterherlaufen.« Tarek nickt. Das hat er verstanden.

»Aber was ist mit der Zunge?«, hakt Alex nach.

Jan schiebt sich noch ein Gummibärchen in den Mund. »Schlangen riechen mit ihrer Zunge«, erklärt er und isst gleich noch ein Gummibärchen. »Und weil sie zwei Zungenspitzen haben, können sie gleich doppelt riechen.«

Die Freunde starren ihn an. »Schlangen riechen mit ihrer Zunge?« Tarek stellt sich das ganz schön umständlich vor.

Jan nickt. »Weil die Zunge der Schlangen gespalten ist, merken sie, ob es auf der einen Seite stärker riecht oder auf der anderen. Sie kriechen dann auf die Seite, wo die Zungenspitze mehr Geruch aufschnappt.«

»Mann«, grinst Tarek. »Da hätten wir bei dem kaputten Wegweiser aber zwei Zungenspitzen gut gebrauchen können. Dann hätten wir vielleicht gerochen, auf welcher Seite der See ist.«

Alex lacht. »Wahrscheinlich nicht«, meint er, als er sich mit Tarek auf den Weg zum See macht, um die Füße ins Wasser zu halten. »Der Zimtschnecken-Geruch hätte sowieso alles überdeckt.«

Warum geht *ein* Wasser*läufer nicht unter?*

Frieda hat überhaupt keine Lust auf den Ausflug mit der Kita heute. Schon an normalen Tagen ist es nicht leicht, die Neue in der Gruppe zu sein. Und Frieda ist leider sehr neu in der Kita. Mama und sie sind gerade erst hierhergezogen. Frieda hat sich noch gar nicht an die vielen neuen Leute gewöhnt. Einen Ausflug an einen See findet Frieda da erst recht doof.

Die Kinder in ihrer Gruppe sind zwar nett zu ihr, aber Frieda kennt noch nicht mal alle Namen. Als Anja, die Erzieherin, sagt: »Frieda geht neben Theo«, weiß Frieda deshalb erst mal nicht, wen sie damit meint.

Doch dann kommt plötzlich ein blonder Junge angelaufen und lächelt Frieda freundlich an. Sofort fühlt sie sich ein bisschen besser.

»Ich heiße Theo«, sagt der Junge und stellt sich neben sie.

»Frieda«, murmelt Frieda.

»Hast du ein Picknick für später dabei?«, fragt Theo, und Frieda nickt.

Dann geht es auch schon los. Während sie dem Weg durch Wiesen und Wälder folgen, redet Theo die ganze Zeit. Er zeigt auf verschiedene Kinder und sagt Frieda, wie sie heißen. Schon nach ein paar Schritten hat Frieda nicht mehr so ein Zwicken im Bauch. Vielleicht macht der Ausflug ja doch Spaß!

»An dem See waren wir schon mal«, erzählt Theo. »Da haben wir Wasserläufer gesehen.«

»Was sind denn Wasserläufer?«, fragt Frieda. Spinnt Theo jetzt? Auf dem Wasser laufen – das geht doch gar nicht. Doch Theo lacht.

»Wasserläufer sind kleine Tiere«, erklärt er. »Sie sehen aus wie ein Reiskorn mit vier langen und zwei kurzen Beinen. Und mit denen können sie auf dem Wasser laufen.«

Frieda ist sich nicht sicher, ob sie Theo seine Geschichte glauben soll. Von Tieren, die auf dem Wasser laufen können, hat sie noch nie gehört. Doch bevor Frieda etwas sagen kann, hält die ganze Gruppe an.

»Was ist los?«, fragt Theo.

Frieda reckt den Hals. »Da ist jemand mit der Jacke in einem Gebüsch hängen geblieben«, sagt sie. Tatsächlich: Ria und Sandra, die Erzieherinnen, sind weiter vorne damit beschäftigt, die Zweige eines Busches auseinanderzuziehen. Erst danach kann es weitergehen.

Doch dann ist es gar nicht mehr weit. Schon hinter der nächsten Kurve taucht der See auf. Hier ist es vielleicht schön!

Frieda und Theo setzen sich mitten auf die Wiese vor dem See. In der Sonne ist es herrlich warm, und ihr Picknick schmeckt gleich doppelt so gut. Vielleicht liegt das aber auch daran, dass Theo ihr ein paar von seinen Weintrauben abgibt. Und die drei Mädchen, die neben ihnen sitzen, lächeln Frieda an, als sie ihnen etwas von ihrer Wassermelone anbietet.

»Was ist jetzt mit deinen Wasserläufern?«, fragt Frieda, als sie satt ist und noch einen letzten Schluck aus ihrer Wasserflasche nimmt. »Gibt es die wirklich?«

»Na klar«, antwortet Theo. »Was hast du denn gedacht? Dass ich schwindele?«

»Ein bisschen«, gibt Frieda zu, aber Theo lacht nur.

Er steht auf und klopft sich ein paar Grashalme von der Hose. »Komm mit«, sagt er. »Wir gucken mal, ob wir welche finden.« Er greift nach seinem Rucksack und nimmt ihn mit zum Seeufer.

Gemeinsam beugen sich die beiden über das Wasser.

»Du musst da gucken, wo das Wasser ganz ruhig ist«, sagt Theo. »Wasserläufer mögen nämlich keine Wellen.«

Wenn Frieda übers Wasser laufen könnte, würde sie bestimmt auch keine Wellen mögen, denkt sie. Vor allem nicht, wenn sie so klein wie ein Reiskorn wäre.

»Ich sehe noch keinen«, murmelt Theo.

Doch Frieda hat plötzlich etwas entdeckt. »Da!«, ruft sie und zeigt auf eine Stelle am Ufer, wo das Wasser ganz glatt ist.

Zwischen den Halmen einiger Wasserpflanzen springen ein paar kleine Tiere herum. Und genau wie Theo gesagt hat, laufen sie auf dem Wasser.

»Du hast sie gefunden!« Theo strahlt Frieda an. »Dann kann ich jetzt endlich meinen Versuch starten.«

Verblüfft schaut Frieda zu, wie Theo seinen Rucksack öffnet und Sachen auspackt. Einen Plastikbecher und eine kleine Schachtel, in der es metallisch rasselt.

»Halt mal bitte«, sagt Theo und drückt Frieda die Pappschachtel in die Hand. Dann taucht er den Becher ins Wasser und stellt ihn vor Frieda auf den Boden.

»Was wird das, wenn's fertig ist?«, fragt Frieda. Das klingt ein bisschen spöttisch – aber eigentlich findet sie es total spannend. Frieda liebt Versuche nämlich auch.

»Meine Mama hat mir gesagt, dass man Wasserläufer nachmachen kann«, erklärt Theo. »Man braucht nur ein Glas Wasser und Büroklammern.«

»Ah«, macht Frieda. »Dann sind hier drin die Büroklammern.«

Gemeinsam beugen sie sich über den wassergefüllten Becher.

»Und jetzt?«, erkundigt sich Frieda. »Werfen wir sie einfach da rein?«

Theo fährt sich mit der Hand übers Gesicht. »Ich weiß auch nicht so genau. Meine Mama musste heute Morgen ganz schnell los, und ich habe es nicht richtig verstanden.«

Das kennt Frieda. Seit sie umgezogen sind, hat ihre Mama es morgens auch manchmal eilig. Sie arbeitet jetzt nämlich wieder, um für sie und Frieda Geld zu verdienen. »Meine Mama muss auch oft früh zur Arbeit gehen«, sagt sie.

»Und dein Papa?«, fragt Theo. Neugierig schaut er Frieda an.

»Der wohnt woanders«, antwortet Frieda. Und dann erzählt sie Theo ganz automatisch auch noch den Rest. »Mein Papa hat eine neue Frau«, sagt sie. »Aber die ist eigentlich ganz nett. Meine Mama und ich wohnen alleine.« Komisch, auf einmal macht es Frieda überhaupt nichts mehr aus, von Papa zu erzählen. Denn eigentlich ist Frieda ganz zufrieden, so wie es jetzt ist. Papa hat zwar eine andere Wohnung, aber sie besucht ihn oft. Und Mama sieht auch viel glücklicher aus, seit sie woanders wohnen.

»Oh.« Theo sieht so überrascht aus, dass Frieda beinahe lachen muss. Doch dann grinst Theo plötzlich. »Meine Mama und ich wohnen auch alleine«, sagt er. »Das ist cool, denn ich habe mein eigenes Zimmer. Und wir haben jetzt auch Platz für eine Katze.«

Theo und Frieda lächeln sich an. Dann fällt Friedas Blick wieder auf den Versuch, der zwischen ihnen auf dem Boden steht. »Also«, sagt sie. »Wie geht das jetzt?« Sie schüttelt eine Büroklammer aus der Schachtel.

»Wirf mal eine rein«, schlägt Theo vor. »Vielleicht schwimmt sie ja.«

Aber als Frieda es ausprobiert, sinkt die Büroklammer sofort auf den Grund des Bechers. »Vielleicht müssen wir es langsamer machen«, sagt sie.

Doch auch der nächste Versuch geht schief. »Vielleicht hat meine Mama sich ja geirrt«, überlegt Theo. Er beugt sich noch mal über das Ufer, wo die echten Wasserläufer noch immer auf dem Wasser stehen. »Guck mal, Frieda«, sagt er. »Bei den Wasserläufern macht jeder Fuß eine kleine Delle ins Wasser. Als würden die auf den See drücken.«

Frieda schaut genau hin. Und plötzlich hat sie eine Idee. »Gib mir mal eine zweite Büroklammer«, bittet sie. Und als Theo ihr eine herüberreicht, biegt sie daraus einen Winkel. Die eine Seite hält sie vorsichtig fest, auf die andere legt sie eine neue Büroklammer.

»Geniale Idee!«, sagt Theo. »So können wir die Büroklammer mit der gebogenen Klammer übers Wasser halten und dann ganz langsam eintauchen.«

Behutsam legt Frieda die Klammer auf die Wasseroberfläche.

»Es klappt!« Theo ist ganz aus dem Häuschen, aber Frieda sieht, dass er sich zusammenreißt, um keine schnellen Bewegungen zu machen.

Vorsichtig zieht sie die verbogene Klammer aus dem Wasser, und – tataaaa – die andere Büroklammer schwimmt! Genau wie die Wasserläufer macht auch die Büroklammer eine Delle ins Wasser. Es sieht aus, als hätte

das Wasser eine Haut, die stabil bleibt, solange man nur ganz vorsichtig draufdrückt.

Das wollen Theo und Frieda unbedingt einem Erwachsenen zeigen.

»Ria«, ruft Theo. »Schau dir mal unseren Versuch an!«

Frieda ist so stolz auf ihre Idee mit der verbogenen Klammer, dass sie vor Freude ganz rot anläuft, als Ria ihren Versuch lobt.

»Dass ihr darauf gekommen seid!«, sagt Ria begeistert. »Ganz schön schlau! Wollt ihr wissen, warum die Klammer schwimmt?«

Theo und Frieda nicken. Und Ria erklärt.

»Wasser besteht aus vielen winzigen Teilchen«, sagt sie. »Die bilden auf der Oberfläche eine Schicht, in der sie stabil zusammengehalten werden. Das nennt man Oberflächenspannung. Kleine Tiere wie Wasserläufer sind so leicht, dass die Oberflächenspannung stark genug ist, um sie zu tragen. Die Wasseroberfläche bleibt wie eine dünne Haut zusammen.«

»Und die Büroklammer ist auch leicht genug«, ergänzt Frieda. »Aber man muss sie so vorsichtig auflegen, dass die Wasserschicht nicht reißt.«

Ria nickt.

Als Frieda an diesem Tag nach Hause kommt, hat sie viel zu erzählen. Morgen Nachmittag wird sie bei Theo zu Hause zu Mittag essen. Und dann wollen sie sich einen neuen Versuch ausdenken. Das haben sie fest verabredet.

Können Seesterne schwimmen?

»Hier ist es!«, ruft Anna und zeigt auf die Tür des Nordsee-Museums. »Los, Oma!«

Annas Oma lacht. »Immer langsam mit den jungen Omas«, sagt sie. »Ich bin natürlich schnell wie der Blitz, aber mein Stock kann da nicht mithalten.«

Jetzt muss auch Anna lachen. Immer schiebt Oma es auf ihren Stock, wenn sie für irgendwas länger braucht. Das ist zwischen ihnen zu einer Art Dauerwitz geworden. Anna weiß natürlich, dass in Wirklichkeit Omas Knie schuld daran ist, dass sie so langsam läuft.

Aber es ist viel lustiger, so zu tun, als läge

es am Stock. Deshalb hält Anna Oma jetzt auch extra weit die Tür auf. »Oma«, warnt sie, »pass auf, dass der Stock nicht aus Versehen stehen bleibt. Das macht er ja manchmal, wenn er was Spannendes sieht.«

Anna und Oma machen zum ersten Mal Urlaub an der Nordsee. »Nur wir Mädels«, hat Oma gesagt, als sie losgefahren sind. Und: »Das wird super!«

Der Urlaub ist bis jetzt auch wirklich super, findet Anna. Am Meer war sie vorher noch nie. Aber jetzt kennt sie sich schon richtig gut aus. Es ist so toll hier, dass es ihr nicht einmal etwas ausgemacht hat, als es gestern den ganzen Tag geregnet hat.

Die Ferienwohnung, in der Anna mit Oma wohnt, liegt in einer kleinen Siedlung. Da machen auch viele andere Kinder Urlaub. Anna findet immer jemanden zum Spielen.

Eines der Kinder hat Anna vom Nordsee-Museum erzählt. Und da stehen Anna und Oma jetzt.

»Guck mal!«, staunt Anna und zeigt nach oben. »Da hängen kleine Wale an der Decke.«

Oma nickt. »Das sind Schweinswale«, sagt sie. »Die gibt's auch in der Nordsee.«

Anna bleibt der Mund offen stehen. Dass es viele Tiere vor der Küste ihres Urlaubsortes gibt, weiß sie. Aber Wale?

Anna will alles anschauen! Aufgeregt wartet sie, bis Oma ihre Eintrittskarten gekauft hat. Dann zieht sie sie ungeduldig vorwärts.

Als Anna und Oma um die erste Ecke gehen, stehen sie plötzlich mitten in einem schimmernden blauen Licht.

»Fische«, haucht Anna entzückt.

Sie sind in einem Raum mit riesigen Aquarien gelandet. Manche sind so groß, dass sie vom Boden bis zur Decke reichen. Hinter den dicken Scheiben sieht Anna Fische und andere Meerestiere.

An einem Becken mit Sandboden hängt ein Schild. »Findest du alle Plattfische?«, liest Oma vor.

»Plattfische?«, wundert sich Anna. »Sind das etwa … platte Fische?« Beinahe muss sie lachen, weil die Idee so witzig klingt. Doch dann sieht sie plötzlich, wie sich der Sand an einer Stelle des Aquarienbodens bewegt. Tatsächlich: Dort unten liegt wirklich ein ganz platter Fisch! Er hat sich halb in den Sand eingegraben, und man muss sehr genau hinschauen, um ihn zu entdecken. Mit Feuereifer macht Anna sich daran, auch die anderen Plattfische zu finden. Am Ende hat sie sieben gezählt.

»Ist noch was anderes in dem Becken?«, fragt Oma, als Anna ihr die sieben Plattfische zeigt.

Gemeinsam schauen sie noch einmal gründlich. Schließlich erspäht Anna etwas auf einem Felsen in der Ecke. »Guck mal, Oma! Da sitzt ein Seestern!«

Seesterne fand Anna schon immer toll. Sie mag es, dass sie fünf Arme haben und so schön gleichmäßig aussehen. Doch eins hat sich Anna immer schon gefragt: »Oma, können Seesterne eigentlich schwimmen?«

Oma macht ein verdutztes Gesicht. »Darüber habe ich mir noch nie Gedanken gemacht«, gibt sie zu. »Ich habe keine Ahnung, ob Seesterne schwimmen können.«

»Kannst du das nicht irgendwo nachlesen?«, fragt Anna. »Vielleicht auf einem der Schilder?« Doch Oma findet kein Schild, auf dem die Antwort steht.

Zum Glück hat Anna eine Idee. Schon flitzt sie los, Richtung Kasse.

Die Dame, die dort sitzt, hört sich Annas Frage interessiert an. Dann schaut sie auf die Uhr. »Wenn du noch fünf Minuten warten kannst, könntest du bei der Führung mitgehen«, antwortet sie. »Nadine müsste jeden Moment hier sein. Sie erzählt unseren Besuchern heute etwas über die Tiere in den Aquarien.«

Anna nickt strahlend. Ja, fünf Minuten warten – das kann sie.

Kaum ist sie in den Raum mit den Fischbecken zurückgeflitzt und hat Oma berichtet, als auch schon eine junge Frau hereinkommt und sich an einem der Aquarien aufstellt. »Herzlich willkommen«, sagt sie laut. »Ich heiße Nadine. Wer möchte, kann mit mir eine Kurzführung zu den Aquarien machen.«

Außer Anna und Oma versammeln sich noch zahlreiche andere Leute um Nadine herum. Vor allem viele Kinder wollen hören, was sie zu erzählen hat. In der nächsten halben Stunde führt Nadine die Gruppe durch den Raum und erklärt, wie Fische oder Muscheln leben. Anna lernt, dass Plattfische als Babys aussehen wie ganz normale Fische und erst später flach werden. Und sie erfährt, dass Seesterne nur Schatten sehen können, obwohl sie gleich fünf Augen haben: an jeder Armspitze eines.

Als Nadine die Führung beendet und die Leute sich zerstreuen, ist Annas Frage aber immer noch nicht beantwortet worden. Anna nimmt all ihren Mut zusammen.

»Nadine?«, fragt sie. »Können Seesterne eigentlich schwimmen?«

Nadine schaut überrascht. »Ui«, sagt sie. »Das ist aber eine schlaue Frage. Ich glaube, wenn wir uns einen Seestern mal genauer anschauen, kommst du selber drauf. Guck mal hier.«

Verblüfft folgt Anna ihr zu einem Aquarium ganz hinten im Raum, das sie bisher noch gar nicht entdeckt hatte. Nadine zeigt auf die Glaswand des Aquariums. An der Scheibe klebt ein Seestern.

»Oh, so kann ich ihn von unten sehen!«, staunt Anna. »Er hält sich am Glas fest! Was ist denn das da in der Mitte?«

Nadine lacht. »Das ist sein Mund«, antwortet sie. Dann schaut sie Anna freundlich an. »Weißt du noch, wo seine Augen sind?«

»An den Armen«, sagt Anna.

Nadine nickt. »Genau. Und wenn du dir die Arme des Seesterns noch mal von unten anguckst, siehst du, wie er sich fortbewegt.«

Wie gebannt starrt Anna auf den Seestern, der an der Glasscheibe klebt. Wie macht er das? Doch dann sieht sie plötzlich, wie der Seestern sich ein Stück weiterbewegt. »Er hat Füße!«, ruft Anna verblüfft, und Nadine lächelt zustimmend.

Das hätte Anna nicht erwartet. Der Seestern hat wirklich Füße. Auf der Unterseite jedes Seesternarms erkennt Anna Hunderte winziger Füßchen, auf denen der Seestern über die Scheibe gleitet. Es sieht aus, als würde er auf dünnen Nudeln laufen, die sich nacheinander bewegen.

Nadine beugt sich zu Anna hinunter. »Mit diesen Füßchen läuft der Seestern über den Boden«, erzählt sie. »Aber er kann sich damit auch an Glasscheiben festhalten oder an Muscheln.«

»Die isst er.« Das hat Anna sich gemerkt: Miesmuscheln sind die Lieblingsspeise von Seesternen.

Nadine erklärt, wie der Seestern das macht. »Er heftet sich mit seinen Füßen an die Muschelschale. Und dann zieht er mit aller Kraft, bis die Muschel die Schale öffnet. Der Seestern kann seinen Magen durch den Mund nach außen stülpen. Wenn die Muschel offen ist, stülpt der Seestern seinen Magen dort hinein und verdaut sie.«

»Iiih!«, macht Anna. »Das klingt eklig.«

»Finde ich auch ein bisschen.« Nadine grinst. »Aber so ist das nun mal. Seesterne können eben nicht anders essen. Und um deine Frage zu beantworten: Nein, Seesterne können nicht schwimmen. Nur laufen.«

Nachdem Nadine sich verabschiedet hat, bleibt Anna noch eine ganze Weile bei den Aquarien stehen und schaut sich die Füßchen der Seesterne an. Jetzt, wo sie weiß, wie Seesterne sich fortbewegen, sieht sie überall Tiere, die langsam über den Boden gleiten.

Als Anna mit Oma das Nordsee-Museum verlässt, ist es schon Abend.

»Nachher erzähle ich den anderen, was ich alles über Seesterne gelernt habe«, sagt Anna. Und dann hüpft sie vor Oma her nach Hause.

Warum erfriert der Zitronenfalter im Winter nicht?

»Ist das Eis schon fertig?« Lena hüpft aufgeregt vor dem Tiefkühlschrank auf und ab.

»Ich will ein rotes!«, ruft Lars eifrig. Auch er ist schon ganz zappelig. Was für eine tolle Idee, mitten im Winter Eis zu machen!

Heute Morgen haben Lars und Lena wie immer sonntags mit Mama und Papa im Bett gefrühstückt und dann ein großes Bild gemalt. Dabei kam ihnen die Idee, mal wieder mit Papa Eis selber zu machen.

Es war gar nicht so leicht, Papa davon zu überzeugen, schließlich ist es Dezember. Draußen ist es so kalt, dass die Geschwister jedes Mal eine Mütze aufsetzen müssen, bevor sie rausgehen. Und ohne Schal lässt Mama um diese Jahreszeit sowieso niemanden vor die Tür.

Trotzdem: Lena und Lars wollten unbedingt Eis machen. Aus richtigen Früchten! Zum Glück hat Papa sich überreden lassen.

Gemeinsam haben sie das Fruchtmus zusammengerührt und in die Eisformen gefüllt. Jetzt liegen sie schon seit ein paar Stunden im Tiefkühlschrank. Ob aus dem weichen Fruchtbrei schon Eis geworden ist?

Vorsichtig zieht Lena die Schublade auf. »Fertig!«, ruft sie.

Bald sitzen die Geschwister zusammen mit Papa auf dem dicken Teppich vor der Heizung und essen ihr Eis.

»Mein Eis ist ganz hart geworden«, sagt Lars. Mit dem Fingernagel klopft er dagegen. »Und hier am Rand sieht man, dass es gefroren ist.«

»Wieso gefriert Eis eigentlich?« Lena schaut Papa an. Der weiß so was nämlich immer.

»Erinnert ihr euch, dass der Fruchtbrei ganz schön nass war, als wir ihn umgerührt haben?«, fragt Papa.

Lars und Lena nicken.

Papa leckt an seinem Eis und fährt dann fort: »Im Fruchtbrei war ganz viel Wasser. Und wenn es sehr kalt ist, wird Wasser fest.«

»Zu Eis?«, fragt Lars, und Papa nickt.

Lena fängt mit der Zunge ein paar Tropfen auf, die fast von ihrem Eisrest heruntergefallen wären. »Und wenn das Wasser dann wieder warm wird«, ergänzt sie, »wird es flüssig.« Lena findet, dass es ein richtig guter Einfall war, im Winter Eis zu machen. Auch wenn sie den Schnee und das kalte Wetter draußen mag – Eis könnte sie jeden Tag essen.

»Ich bringe das mal weg«, sagt Lena nach einer Weile und steht auf, um den leeren Eisstiel in die Küche zu tragen. Doch als ihr Blick aus dem Fenster fällt, vergisst sie völlig, was sie gerade machen wollte. Denn draußen im Blumenkasten, auf der vereisten Schneedecke, sitzt ein Schmetterling.

»Ein Schmetterling!«, schreit Lena so laut, dass Lars sich erschrocken die Ohren zuhält. Aufgeregt zeigt sie aus dem Fenster. »Da ist ein Schmetterling.«

»So ein Quatsch!«, murrt Lars und wischt sich ein bisschen Eissaft vom Ohr. »Im Winter gibt es doch gar keine Schmetterlinge.« Trotzdem verrenkt er den Hals, um nachzusehen, wohin Lena deutet. Sie hat recht: Da sitzt ein Schmetterling im Blumenkasten. Mitten im Winter.

»Wir müssen ihn retten!«, sagt Lars entsetzt. »Draußen ist es viel zu kalt für ihn.«

»Der Arme«, jammert Lena. »Der arme, arme Schmetterling.«

Nur Papa bleibt ruhig. Auch er hat aus dem Fenster geschaut, doch komischerweise hat er es überhaupt nicht eilig, dem Schmetterling zu helfen.

Im Gegenteil: Papa zieht erst mal den großen Wohnzimmer-Hocker vor das Fenster.

»Setzt euch mal«, schlägt er vor. »Dann können wir ihn in Ruhe angucken.«

Lena ist so verdattert, dass sie sich wirklich hinsetzt.

»Also, erst mal«, sagt Papa, »finde ich es super, dass ihr dem Schmetterling so gerne helfen wollt. Aber zum Glück ist das gar nicht nötig. Denn das dort draußen ist ein Zitronenfalter.«

Verblüfft starrt Lena durch die Scheibe auf den Falter, der mit zusammengeklappten Flügeln noch immer im Blumenkasten sitzt. »Ein Zitronenfalter?«, wiederholt sie.

»Aber wieso braucht denn ein Zitronenfalter unsere Hilfe nicht?«, erkundigt sich Lars und stellt damit genau die Frage, die Lena auch gestellt hätte.

Papa lächelt. »Manchen Schmetterlingen macht der Winter nichts aus«, erklärt er. »Der Zitronenfalter ist einer davon. Er setzt sich im Herbst einfach an einen geschützten Ort und verschläft den Winter. Im Frühling wacht er dann wieder auf.«

»Aber es ist kalt draußen«, wendet Lena ein.

»Und er hat gar keine Mütze«, sagt Lars. »Friert er denn nicht?«

Lars' Frage bringt Lena noch auf einen anderen Gedanken. »Kann ein Schmetterling zu Eis werden?« Sie denkt an den Fruchtbrei, der nach ein paar Stunden im Tiefkühlschrank ganz hart geworden ist. Was, wenn dem Schmetterling dasselbe passiert?

»Ein guter Gedanke«, sagt Papa. »Doch das ist ja gerade das Besondere am Zitronenfalter. Ihm kann gar nicht zu kalt werden.«

»Wieso?«, fragt Lars.

Papa fährt fort: »Wisst ihr noch, was wir über das Wasser im Fruchtbrei gesagt haben? Was damit passiert, wenn es sehr kalt wird?«

»Es wird hart«, antwortet Lars, denn das hat er sich vorhin gemerkt.

»Genau!«, ruft Lena. »Aber in einem Schmetterling ist doch auch Wasser. Das müsste dann doch auch hart werden, wenn er im Winter draußen bleibt.«

Papa nickt. »Stimmt genau. Eigentlich müsste die Flüssigkeit im Schmetterling gefrieren, wenn er in Schnee und Eis sitzt. Das tut sie aber nicht.«

»Wärmt ihn dieses Blatt?« Lars schaut skeptisch auf die Stechpalmenzweige, zwischen denen der Falter sich seinen Platz gesucht hat. »Das sieht nicht sehr gemütlich aus.«

Auch Lena findet, dass es bequemere Plätze gäbe. »Ich glaube nicht, dass es da besonders warm ist«, meint sie. »Guckt doch mal. Da hängt sogar ein winziger Eisklumpen am Schmetterling!«

»Das macht ihm nichts«, beruhigt Papa sie. »Denn Zitronenfalter lassen im Herbst ganz viel Körperflüssigkeit ab. Es bleibt nur ein bisschen davon übrig – und darin hat der Falter eine Art Frostschutzmittel. Selbst wenn es draußen eiskalt wird, kann das Wasser im Schmetterling nicht gefrieren.«

Lena staunt. »Das ist ja, als würden wir Fruchtbrei in den Tiefkühlschrank stellen und es würde kein Eis daraus.« An Lars' Gesicht kann sie ablesen, dass er es jetzt auch verstanden hat.

Doch eine Frage beschäftigt Lena trotzdem noch. »Wenn der Schmetterling im Frühling aufwacht«, sagt sie und schaut Papa und Lars an. »Dann braucht er doch was zu essen, oder?«

»Blumen!«, ruft Lars wie aus der Pistole geschossen.

Papa nickt. »Schmetterlinge essen den Nektar von Blumen.«

Lena schaut auf den Blumenkasten mit dem schlafenden Schmetterling. Dann auf den Kasten daneben, in dem nur ein paar verwelkte Stängel stehen.

»Könnten wir nicht in diesem Kasten Blumen säen?«, fragt sie und zeigt auf den leeren Kasten. »So richtig tolle, mit viel Nektar? Dann hätte der Schmetterling im Frühling gleich was zu essen, wenn er aufwacht.«

Lars strahlt, und auch Papa guckt ganz stolz. »Das ist ja eine tolle Idee!«, sagt er.

Sie beschließen, gleich am nächsten Tag zum Baumarkt zu fahren, um eine ganz besondere Saatmischung zu kaufen. Lena freut sich schon: Sobald es draußen wärmer wird, werden im Blumenkasten die ausgesäten Blumen sprießen. Und wenn der Schmetterling dann aufwacht, kann er sofort ein paar Blüten besuchen.

Zufrieden zieht Lena am Abend den Vorhang zu. Nicht nur der Schmetterling muss jetzt schlafen. Lena auch.

Warum können Pferde nicht kotzen?

»Ich glaube, dass Mama heute wieder nicht mitkommt.« Paul seufzt, während er mit Papa im Schrank kramt. »Pferde sind ihr nicht geheuer, sagt sie. Was heißt ›geheuer‹ eigentlich?«

Pauls Papa steckt gerade mit dem ganzen Arm im Schrankfach. »Das heißt, sie fühlt sich in der Nähe von Pferden nicht wohl. Sie machen ihr ein bisschen Angst.« Von ganz weit hinten zieht Papa eine von Pauls alten Hosen hervor. »Die vielleicht?«

Paul steht auf und hält die Hose vor sich hin. Dann nickt er. »Die geht«, sagt er. »Die ist alt, aber passt noch. Und sie kann ruhig dreckig werden.«

Paul fährt heute mit seinem Freund Lennart auf einen Reiterhof in der Nähe. Dort waren sie in den letzten Wochen schon ein paar Mal. Papa bringt sie hin und schaut zu, wie Paul und Lennart reiten. Am liebsten hätte Paul, dass Mama auch mal mitkommt, aber der sind ja Pferde nicht geheuer. Dabei ist sich Paul sicher: Wenn Mama die Pferde erst mal kennenlernen würde, fände sie sie bestimmt auch toll. Irgendwie ist es schade, dass Papa und er immer alleine gehen müssen.

»Ist alles in Ordnung?«, fragt Papa. »Du siehst gerade aus, als wärst du in Gedanken ganz weit weg.«

»Ich habe nur darüber nachgedacht, dass Mama die Pferde bestimmt mögen würde, wenn sie mal mitkäme«, sagt Paul. »Ich glaube, sie hat nur Angst, weil sie sie nicht kennt.«

Papa zuckt mit den Schultern. »Kann sein. Aber seit ich Mama kenne, sagt sie, dass sie keine Pferde mag. Ich glaube nicht, dass sie mitwill. Doch wer weiß, vielleicht überlegt sie es sich ja noch mal. Man hat ja schon Pferde kotzen sehen.«

Paul starrt Papa an. Dann fängt er an zu lachen. »Wie bitte?«, kichert er. »Man hat schon Pferde kotzen sehen? Was soll das denn heißen?«

Jetzt schmunzelt auch Papa. »Das sagt man nur so«, antwortet er. »Wenn man meint, dass etwas wahrscheinlich nicht passiert, dass es aber auch nicht völlig unmöglich ist – dann sagt man: Man hat ja schon Pferde kotzen sehen.«

»Verstehe ich nicht«, erwidert Paul. »Was haben denn Pferde damit zu tun? Und wieso kotzen die?«

117

Darauf hat Papa leider auch keine Antwort. Und als Paul wissen will, ob Pferde sich eigentlich oft übergeben, hat er ebenfalls keine Ahnung.

»Weißt du was?«, schlägt Papa vor, »wenn wir nachher auf dem Reiterhof sind, fragen wir das mal. Ja?«

»Ja!«, strahlt Paul. Manchmal hat Papa richtig gute Ideen. Wo sonst sollte man die Antwort auf so eine Frage finden, wenn nicht auf einem Reiterhof?

Da klingelt es plötzlich an der Tür.

»Lennart!« Paul saust durch den Flur, um Lennart aufzumachen. Jetzt geht alles ganz flott. Paul zieht sich in Windeseile um, holt noch einen Apfel aus der Küche, und dann sitzen Lennart und er auch schon auf der Rückbank des Autos.

Nach einer Weile stupst Paul Lennart an: »Hast du schon mal gehört, dass Pferde kotzen?«

Lennart muss auch erst mal kichern. »Noch nie«, antwortet er dann. »Geht das überhaupt?«

Das ist die Frage. Den ganzen Weg zum Reitstall überlegen Paul und Lennart, wer ihnen eine Antwort darauf geben könnte. Dann hat Lennart eine Idee.

»Wir fragen Heinrich«, sagt er. »Der muss es doch wissen, oder?«

Paul nickt. Heinrich arbeitet auf dem Reiterhof, seit dieser eröffnet wurde. Jedenfalls behauptet er das. Paul weiß zwar nicht, wie alt der Reiterhof ist, aber Heinrich ist uralt. Er hat graue Haare und ganz viele Falten im Gesicht. Seine Hände haben Schwielen aus Hornhaut, weil er so viel in den Ställen arbeitet. Wenn Heinrich durch die Stallgasse geht, wiehern ihm die Pferde zu. Er füttert die Pferde, die im Stall stehen, bringt andere auf die Weide und sorgt dafür, dass alle gesund bleiben.
Selbst das wildeste Pferd wird lammfromm,

wenn Heinrich in der Nähe ist. Alle mögen ihn – nicht nur die Pferde, auch Paul und Lennart.

»Da ist er!«, ruft Paul, als sie am Reiterhof aus dem Auto steigen.

»Heinrich!«, brüllt Lennart quer über den Hof. Dann müssen sich beide zusammenreißen, denn Heinrich steht am Tor zur Weide und hält ein geschecktes Pony am Halfter. Da ist Rennen natürlich verboten.

Eilig gehen Paul und Lennart zum Weidetor. Sie kommen genau in dem Moment bei Heinrich an, als dieser dem Pony das Halfter abstreift und es auf der Wiese laufen lässt.

»Na?«, brummt Heinrich. »Was gibt es denn so Dringendes?«

»Können Pferde kotzen?«, platzen die beiden Jungen gleichzeitig heraus.

Heinrich lacht dröhnend. »Hahaha, wie kommt ihr denn auf diese Frage?« Während er sorgfältig das Tor schließt, beobachtet er, wie das Pony sich über das saftige Gras hermacht.

Schnell erzählt Paul von Mama und den Pferden und von Papas Bemerkung, man hätte schon Pferde kotzen sehen.

»Ach so.« Heinrich lacht leise in sich hinein. »Den Spruch habe ich auch schon gehört.«

Lennart hüpft vor Aufregung wie ein Flummi auf und ab. »Und?«

Heinrich klopft sich ein paar Strohhalme von der Hose. »Und der Spruch ist falsch«, sagt er.

»Äh …« Verblüfft schauen Paul und Lennart sich an. »Wie, falsch?«

»Na ja«, beginnt Heinrich und lässt sich auf einem Baumstamm neben der Weide nieder. »Der Spruch ist eine Redewendung. Man benutzt ihn, wenn man sagen will, dass etwas fast sicher nicht passieren wird. Aber dass man es ja nie genau wissen kann und es deshalb vielleicht doch passiert. Und das ist falsch, wenn es um kotzende Pferde geht.«

Lennarts Gesicht hellt sich auf. Jetzt hat er verstanden. »Ha!«, macht er. »Also ist der Spruch falsch, weil Pferde *nie* kotzen?«

Heinrich nickt. »Genau.«

Paul setzt sich neben Heinrich auf den sonnenwarmen Baumstamm. »Aber was, wenn doch mal eins kotzt? Es könnte doch sein, dass das nur sehr selten passiert«, wendet er ein.

Doch Heinrich schüttelt den Kopf. »Nee«, sagt er. »Pferde übergeben sich nie.« Er zeigt auf das gescheckte Pony, das in der Nähe Gras abrupft. »Pedro hier macht euch das gerade vor, obwohl man es gar nicht sieht.«

Paul und Lennart schauen genau hin, aber Heinrich hat recht. Man sieht gar nichts. Gerade will Paul fragen, was Heinrich meint, da erklärt dieser auch schon weiter.

»Wenn Pferde etwas hinunterschlucken, landet es wo …?«

»Im Hals«, sagt Paul.

»Im Magen«, sagt Lennart.

Heinrich schmunzelt. »Beides stimmt. Pedro zerkaut das Gras und schluckt es dann hinunter. Es rutscht durch die Speiseröhre im Hals und landet im Magen. Aber dazwischen gibt es bei Pferden noch einen ganz starken Muskel, der den Magen oben zuhält. Das Essen kann zwar rein, aber nicht wieder zurück in die Speiseröhre.«

»Mir war mal so schlecht«, erzählt Lennart, »dass ich mich ganz doll übergeben musste. Dabei kam alles, was ich vorher gegessen hatte, wieder aus meinem Magen raus.«

»Siehst du«, sagt Heinrich. »Das liegt daran, dass bei Menschen das Essen zurückkann. Doch bei Pferden geht es nur in eine Richtung.«

Paul runzelt nachdenklich die Stirn. »Wenn der Spruch wirklich falsch ist, kommt meine Mama wohl nie mit hierher.«

»Ging es darum?«, fragt Heinrich. »Du wolltest, dass deine Mama mal mitkommt?«

Niedergeschlagen nickt Paul. »Sie hat aber Angst«, erklärt er.

Da spürt er plötzlich, wie Heinrich ihm sanft eine Hand auf die Schulter legt. »Ich mache dir einen Vorschlag«, sagt er. »Wenn deine Mama vielleicht doch mal mitkommt, nehme ich mir ein bisschen Zeit und stelle ihr Stella vor.«

Sofort fühlt Paul sich besser. Stella ist Heinrichs alte Stute. Sie ist das ruhigste Pferd im Stall und immer freundlich. Vor Stella kann man einfach keine Angst haben. Nicht mal, wenn einem Pferde nicht geheuer sind.

»Das ist eine gute Idee!« Paul lächelt Heinrich an. »Das schlage ich Mama mal vor.«

»Sag ihr einfach, dass sie sich keine Sorgen machen muss«, wirft Lennart ein und muss ein bisschen lachen. »Ihr passiert schon nichts. Dass ein Pferd sie plötzlich ankotzt, ist nämlich unmöglich!«

Johanna Prinz ist promovierte Diplom-Biologin. Sie war früher Affenforscherin im Zoo, leitete den Bildungsbereich eines großen Naturkundemuseums und danach ein Nationalparkhaus am Wattenmeer. Heute arbeitet sie im Bereich »Naturvermittlung« – vor allem als Museumstexterin oder Autorin für Kindersachbücher. Manchmal hebt sie Regenwürmer von der Straße auf.

Seit ihrem Abschluss in Kommunikationsdesign an der Fachhochschule Aachen lebt **Caroline Opheys** in Düsseldorf. Hier arbeitete sie in verschiedenen Werbeagenturen in der Kreation, bis sie schließlich ihren Weg in die Illustration fand. Mit guter Musik oder einem Podcast auf den Ohren zeichnet Caroline am liebsten digital. Dabei ist es ihr besonders wichtig, das kleine bisschen Unvollkommenheit zu bewahren, um so ihren Arbeiten einen ganz besonderen Charme zu geben. Für neue Ideen geht sie am liebsten raus in die Natur oder in ein Café und lässt sich dort vom Leben inspirieren.

Für alle, die's genau wissen wollen

Susanne Orosz
WARUM ZWINKERT DER DELFIN IM SCHLAF?
VORLESEGESCHICHTEN MIT AHA!-EFFEKT
Einband und farbige Illustrationen
von Heike Vogel
128 Seiten · Ab 5 Jahren
ISBN 978-3-7514-0097-8

Petra Maria Schmitt · Christian Dreller
WO GEHT DER ASTRONAUT AUFS KLO?
VORLESEGESCHICHTEN MIT AHA!-EFFEKT
Einband und farbige Illustrationen
von Heike Vogel
128 Seiten · Ab 5 Jahren
ISBN 978-3-7514-0096-1

Hat ein Tausendfüßler wirklich 1.000 Füße? Warum müssen wir Menschen nachts schlafen? Und weshalb tut Haareschneiden nicht weh? In diesen Vorlesebüchern erfährst du in liebevoll illustrierten Geschichten, was du schon immer über die Welt um dich herum erfahren wolltest. Da können sogar die Großen noch richtig viel lernen!

Endlich wissen, warum: Spannende Sachinfos als unterhaltsame Geschichten zum Vorlesen.

Weitere Informationen unter **www.ellermann.de**